台湾における「日本」の過去と現在

——糖業移民村を視座として

野口英佑
Noguchi Eisuke

ゆまに書房

2015年に修復された鹿野神社　（上・筆者撮影、2017年11月15日）
より修復が進んだ2019年の鹿野神社（下・筆者撮影、2019年1月18日）

修復された鹿野区役場（筆者撮影、2017 年 11 月 15 日）

整備が進んだ 2023 年の鹿野村社と崑慈堂《クンツータン》の金炉（筆者撮影、2023 年 1 月 8 日）

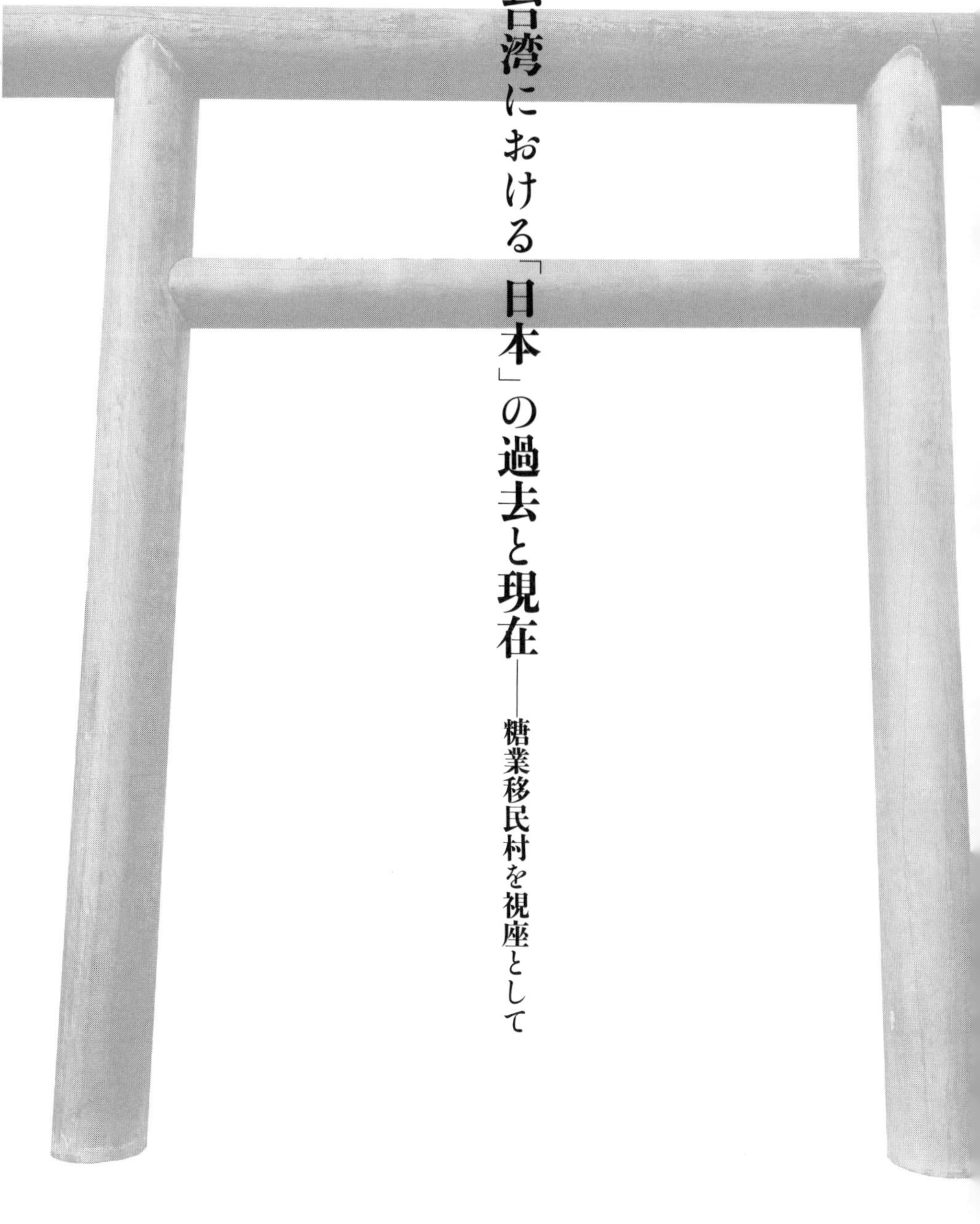

台湾における「日本」の過去と現在

——糖業移民村を視座として

目次

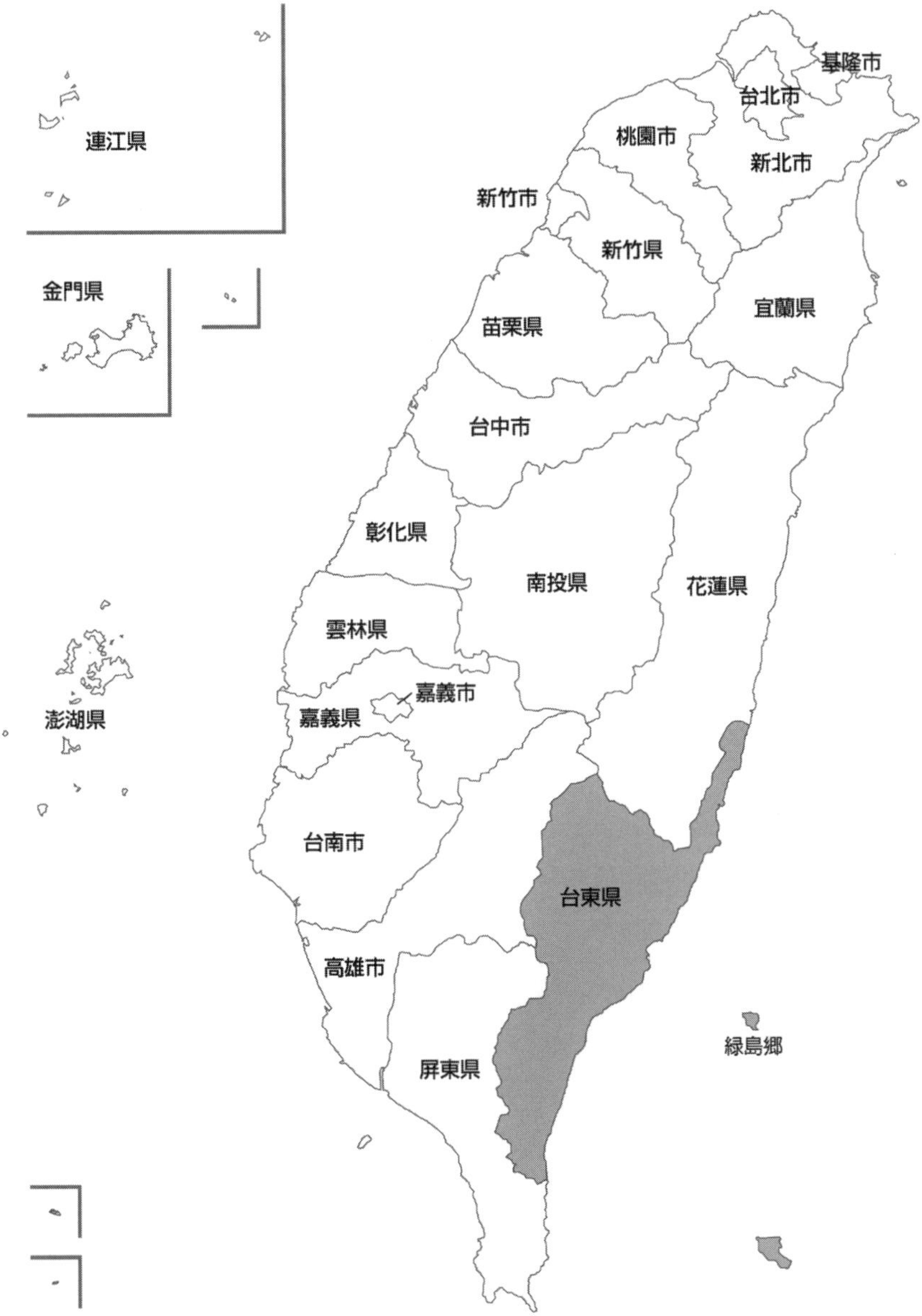

台湾全土の地図と台東県の位置。

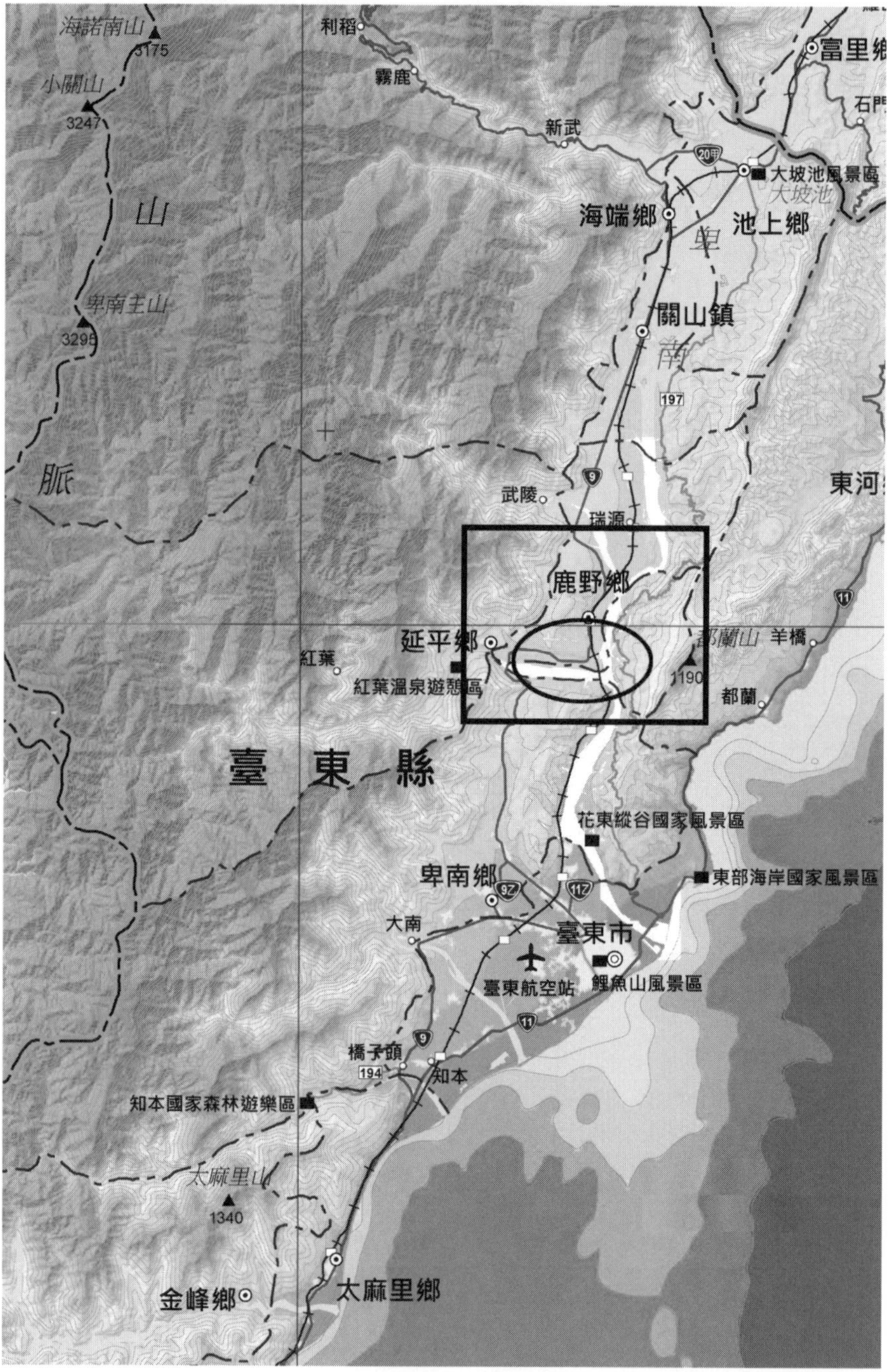

台東県拡大地図、西は中央山脈が連なる。鹿野郷は太平洋に流れ込む卑南渓、支流の鹿野渓に挟まれている。丸で囲まれているのが、龍田村、鹿野村である。

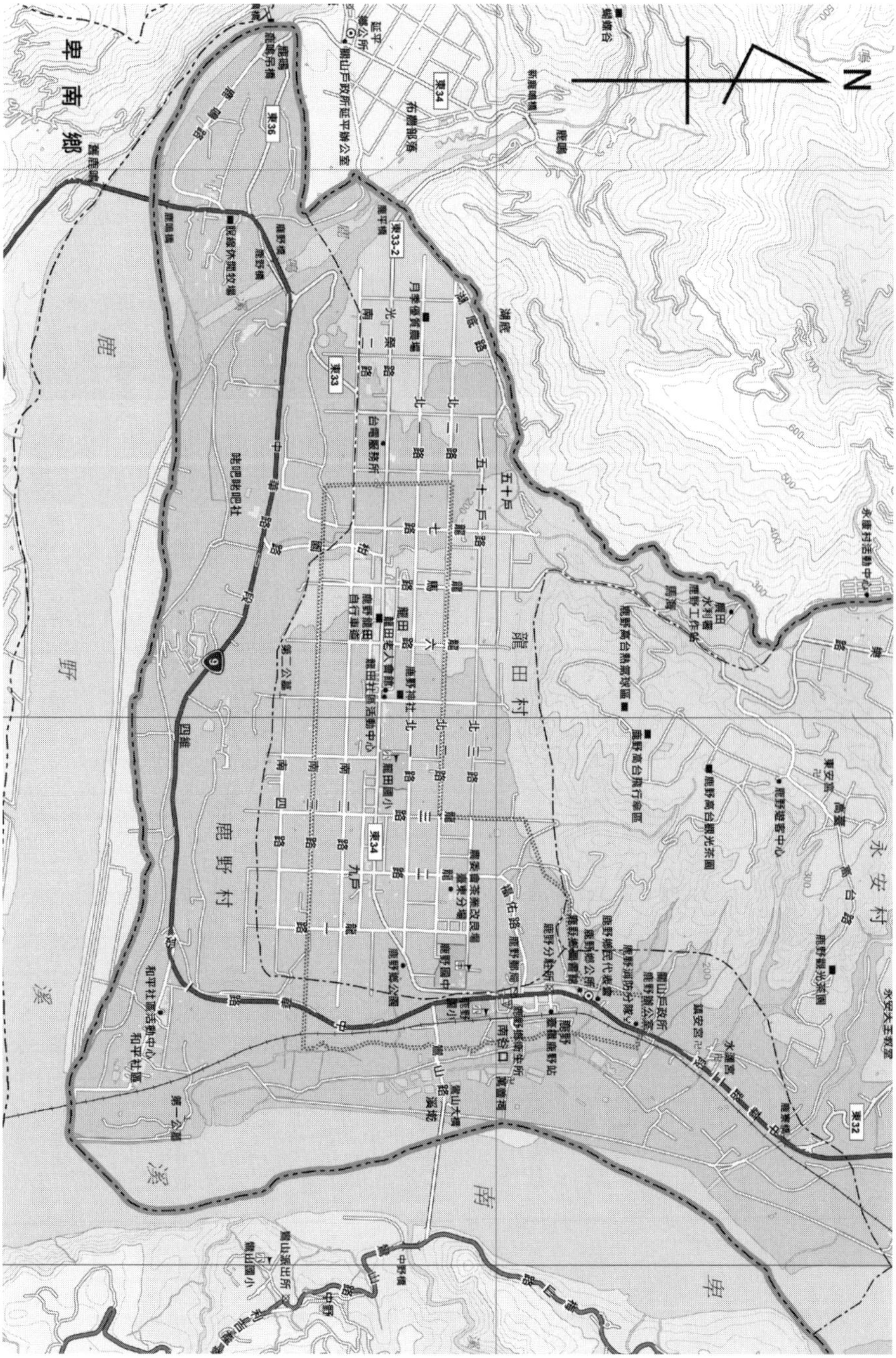

龍田村、鹿野村拡大地図、東に卑南渓、南に支流の鹿野渓がある。旧鹿野村は、現在の龍田村、鹿野村を合わせた広大な土地であった。

＊地図出典

台湾全土および台東県地図

CC BY-SA 3.0 https://commons.wikimedia.org/wiki/File:Taiwan_ROC_political_division_map_Taitung_County.svg を使用し作成

台東県地図「臺東縣行政區域圖」（内政部、二〇二二年一一月）

鹿野郷地図「臺東縣鹿野郷行政區域圖」（内政部、二〇二二年一一月）

＊本書は、公益社団法人糖業協会 二〇二二年度「糖類に関する調査研究活動に対する助成事業」の助成を受けた。

序章　現代台湾における「日本」を再考する

1　「親日台湾」イメージの由来

台湾においては温泉浴場や日本式家屋といった日本統治時代に建てられた建築物の保存活動がしばしば行われている[1]。藤野陽平（二〇一九）が「親日的な雰囲気が好まれてか、近年、台湾を訪問する日本人が増えている。旧日本統治期の建築物などがリノベーションされて今でも大切に使われている姿に、日台友好の雰囲気を感じる人も少なくないだろう[2]」と述べているとおり、リノベーションされた日本統治時代の建築物を訪れる日本人観光客も多いことだろう。また、そのような場所で日本語を話すお年寄りの方々から、建築物の歴史などについての解説や日本時代の思い出を聞いたことのある人々もいるに違いない。台湾旅行ガイドサイトである「台北ナビ」における「台湾で見つけた日本」というタイトルの特集記事では次のようなエピソードが紹介されている[3]。

「青田街の街並みや、華山1914や松山文創園等のリノベーション地区、北投温泉街といったレトロな外観は勿論、街中で出会う、親切で人懐っこい台湾人の方々に、古き良き日本を感じます。二二八記念館前で出会った、日本の童謡を歌ってくれたおじいちゃんは特に印象的でした。」

「先日台南を旅行し、多くの日本統治時代の建物を巡ったり、八田與一氏の墓前を廻った。日本への感謝の気持ちや、日本統治時代の良き思い出などを聞くことができた。しかしそのような方々も年々少なくなってきていると思うとさみしく感じる。私の日本を感じるのは、台湾のおじいさん、おばあさんですね。」

このように、日本統治時代を知るお年寄りからの「心温まる」エピソードを耳にした時、お年寄りたちの存在は友好的な日台関係の象徴であるかのようにさえ思えてくる。それだけでなく、「日本から輸入された新幹線に乗り、コンビニで多くの日本製品の台湾バージョンを見つけ、店先で若い店員による片言の日本語での対応を受ける」（所澤潤、二〇一六）ことにより、日本とよく似た部分を確認することになる。[4]

異国の地であるにもかかわらず、どこか懐かしいような光景と雰囲気を味わった時、どこからか聞こえてくる「親日台湾」という言葉を確認するのである。

では、そもそも、その「親日台湾」というイメージは、どのようにして形成されたものなのだろうか。「台湾といえば、九份・タピオカドリンク・小籠包」という若者にとっては、あまり馴染みのない話かもしれないが、台湾の人々の複雑な日本に対する認識の一端を理解するために、少し確認してみることとしよう。

「親日台湾」という言葉は、「台湾は日本の植民地だったけど、日本統治の時代がよかったから親日的」（植野弘子、二〇一一）であるという言説が根底にあるといわれている。[5]このようなステレオタイプ的な日本人の対台湾観を作り上げるきっかけとなったのは、日本統治時代に日本語による教育を受けた「日本語世代」と呼ばれる人々の存在であった。彼らが懐かしそうに日本統治時代の記憶を語っている様子がマスコミに取り上げられるようになることで、彼らの存在が広く日本人にも知られるようになったのである。

「日本語世代」と呼ばれる彼らが日本統治時代を好意的に話すその背景には、日本統治時代の鉄道、水道などのインフラストラクチャーや衛生施設の整備などが理由として挙げられるほか、第二次世界大戦終了後に台湾統治を始めた中国国民党（以下、「国民党」）に対する批判があると言われている。日本が台湾を植民地支配していたことは事実であり、戦後当時も、国民党の来台より以前から台湾に住んでいた人々（本省人）が多かれ少なかれ、日本統治に対する批判を持っていたことは想像に難くない。

筆者が聞き取り調査を行った日本語世代の男性（二〇一七年一一月時点で八四歳）は、日本統治時代の警察の厳しさについて繰り返し言及していた。[6]当時小学生だった彼の中で、特に印象に残っているのは、年末の大掃除であった。各家庭における大掃除が強制されており、警察が蜘蛛の巣ひとつさえも残さぬようにきちんと掃除できているかどうかを見回って確認していたのだという。一見微々たる出来事にも思えるが、幼い子どもの心に警察の厳しさを植え付けるのには充分であったのではないだろうか。実際、日本統治時代の台湾は「警察国家」（蔡錦堂、二〇〇六）と評されるほど、規律が重視されていたのである。(7) したがって、人々は、事あるごとに人前で怒鳴る警官や憲兵に対して不満を抱いていたのだという。(8)

そして、戦後を迎えて日本統治が終わり、台湾が中華民国（国民政府）の統治下に編入されることが明らかになると、人々は大きな期待を抱いた。前出の日本語世代の男性も「中国が台湾にやってくると聞いて、人々は中国がこれから何をするかは全く分からなかったが、とても期待していた。」と語っていたのだが、大陸から台湾に渡ってきたのは、汚職や贈賄に染まりきった国民党の官員たちであった。男性の言葉を借りれば、「実際彼らは台湾の人々のお金を奪っていったため、次第に中国はいらないと思うようになった」のだという。このような当時の本省人の気持ちを表すものとして、「犬はうるさいが、それでも番犬にはなる。豚はただ貪欲に食い散らかすだけだ」という言葉がある。日本人を「犬」に中国大陸からやってきた国民党を「豚」になぞらえたこの言葉からも、本省人たちの気持ちが垣間見えるといえるだろう。

また国民党は、政策面においても、日本統治時代以上に、行政と軍事権力を集約させた行政長官公署による政治を行ったため、本省人たち不満は募るばかりであった。特に、官憲による闇タバコ売りの女性に対する暴行をきっかけとして起きた抗議活動を、政府が弾圧した二・二八事件（一九四七年二月〜五月）によって、本省人の国民党への不満は決定的なものとなった。二・二八事件では、軍によって多くの本省人市民が無差別的に惨殺され、被害者は台湾全体で数万人にのぼるともいわれている。その後、一九四九年から台湾に敷かれた戒厳令が一九八七年に解除されるまで、人々の言論や政治活動は制限されており、事件の詳細が明らかになったのは一九九〇年代以降であった。(9)

このように、戦後当初は日本統治時代に対する不満を有していたものの、国民党の来台後における官員たちの腐敗ぶりに加え、日常生活における治安や法治、衛生などの面で日本統治時代よりもレベルが低下したことを受けて、日本統治時代の再評価が始まったともいわれている。この点について、蔡錦堂（二〇〇六）は「旧時代に対して「相対的」に美しい追憶が引き起こされ、それは年配の台湾人が日本時代に対して「好感を持つ」誘因となったのである。」と分析している。(10)以上のように、一口に、日本統治時代の「評価」といっても、絶対的な評価という訳でなく、あくまで戦後の国民党政権下との相対的な「評価」であることがうかがえる。

また、国民党の馬英九に続き、二〇一六年に総統に就任した民主進歩党（以下「民進党」）の蔡英文に関する書籍の翻訳を担当した前原志保（二〇一七）によると、書籍では、台湾とアメリカとの関係についてのエピソードが際立つ一方で、日台関係に対する言及が少ないことが日本人読者には不評だったという。そして、前原はその背景として、「台湾の歴史を少しでもかじったことがある日本人は、一部メディアで量産され続ける台湾人が日本統治時代を（韓国に比べ）肯定的に捉えるストーリーを数多く見聞きしているし、国民党＝反日、民進党＝親日という、ぼんやりとしたイメージを持っている」ことを指摘している。(11)

そのイメージの根底にある台湾の歴史について補足すると、国民党の反日イメージの根底については、戦後初期の政策方針は、とにかく日本の文化や制度を廃して台湾の「中国化」を推し進めるものであったことが関係していると考えられる。具体的には、学校での日本語の使用は禁止され、いわゆる中国語を公用語とし、歴史教育では大陸中国の歴史を正史として教育を行った。また、野党となった近年では、台南市の国民党敷地内に慰安婦像を設置したり、福島など五県産食品の輸入解禁に反対する住民投票を提起したりするなど、その様子は日本の報道でも取り上げられている。(12)

一方、民進党は、日本統治時代を頭ごなしに批判することなく、日本統治時代も台湾が歩んできた歴史の一部として位置付けている。例えば、日本統治時代を表記する際には日本「占領」時代を意味する「日據」ではなく、日本「統治」を意味する「日治」という表現を堅持している。(13)また、現職の蔡英文総統は事あるごとにSNS上で日本人に対して日本語でメッセージを発信しており、これらのメッセージを直接目にする日本人も少なくなく、(14)このような民進党の立場や蔡英文総統の姿勢が民進党の親日イメージの生成に繋がっていると考えられる。

もちろん、「親日台湾」イメージは、日本統治時代の評価のみで形成されているわけではない。一九九〇年代後半には、漫画家・哈日杏子が出版した「早安!日本（おはよう!日本）」が火付け役となって、Jポップやアニメが台湾の若者の間で一大ブームを巻き起こした。「日本発の流行ファッションや音楽、キャラクターグッズ、テレビゲーム、ドラマ、マンガなどが好きでたまらなく、「日本を模倣」する台湾の若者」(15)たちは「哈日族《ハーリーズー》」と呼ばれ、彼らの存在は、日本でも書籍などで頻繁に取り上げられていた（酒井亨、二〇〇四）。近年では、二〇一一年の東日本大震災の際に、台湾からおよそ二〇〇億円の義捐金が寄せられたことが記憶に新しい読者も多いのではないだろうか。

2 「親日台湾」言説の限界

二〇一五年、台東県鹿野郷龍田村で日本統治時代に建てられた神社が再建された。これは台湾において、初めて日本統治時代と同じ場所で再建された神社の事例であり、なおかつ、初めて台湾の大工と日本の宮大工が協力して再建した事例であるといわれている。[16] 以上のことを聞かされれば、日本統治時代を懐かしむ世代がいる地域で、日本統治時代をむやみに批判しない民進党が政権を握る「親日台湾」において、日本統治時代の神社が再建されたというストーリーを描いてしまうのではないだろうか。

同じ二〇一五年に再建されたクスクス祠[17]（現在の呼称は「高士神社」）を取り上げた『産経ＷＥＳＴ』の記事[18]はおおむねその文脈に成り立っている。

台湾南部の小さな村に、ある小さな神社があった。「日本軍」として出征した住民もいた村にとって、戦前の日本統治下につくられた神社は、日本の靖国神社のような存在だった。戦後荒廃が進んだが、住民からの強い要望を受け、横浜市中区の神職、佐藤健一さん（44）が新しい社を制作した。戦後70年の終戦

2019年の鹿野村社（筆者撮影、2019年1月18日）

日を前に宮司となり、遷座祭などの神事を行い、現地の戦没者も英霊として祭る。

台湾南部に位置する屏東県牡丹郷高士村。山間部の自然豊かな地域で、原住民であるパイワン族が多く暮らす。パイワン族は、日本の台湾統治を批判的に扱ったNHKの番組で名誉を傷つけられたとして集団訴訟を起こすなど、親日感情が強いことでも知られる。（後略）

また、神奈川県にある大山阿夫利神社の社報において鹿野村社の再建を取り上げた池上嘉一（二〇一六）は、その真偽は定かではないが、第二次世界大戦中に台湾人の出征兵を送り出した人々やその子孫たちのやむにやまれぬ気持ちが終結して「戦没した人々の英霊が帰ってくる場所」として鹿野村社が再建されたと論じている(19)。

そのような認識に基づいて日本統治時代の神社の再建を考察しようとする場合、神社を含めた当時の建築物の再利用などが日本統治時代の影響と結びつけられて理解されてしまうケースもある。[20]

しかし、鹿野村社の再建を取り巻く事情は、高士神社とは若干様相が異なる。鹿野村社が位置する台東県鹿野郷龍田村は、台北から遠く離れた台湾東部[21]の田舎の小さな農村であり、かつて、砂糖の原料となるサトウキビ栽培のために日本から集められた移民（糖業移民）たちが生活をしていた移民村である。日本統治時代の終了とともに住民はすべて日本に帰国しているため、現在の村内には日本統治時代の鹿野村社を知る人々はほとんどいない。そもそもその時代には、この地で生活をしていた台湾の人々はほとんどいなかった。

また、鹿野村社が再建された二〇一五年は、国民党・馬英九政権の時代であった。それだけではなく、台東県を含めた台湾東部は伝統的に国民党支持者が多い地域であり、さらに鹿野村社の再建に関わった林金真《リンジンジェン》元郷長と李國強《リーグオチアン》前郷長はいずれも国民党推薦で出馬して当選している。[22]加えて、公益財団法人交流協会が台湾で実施した二〇一五年度対日世論調査においても、台湾東部において、日本に親しみを感じる人の割合は他地域よりも10％以上も低い。[23]国民党の勢力が強いと言える条件が揃っている状況で、なおかつ親日度合いも比較的低い地域において日本統治時代の神社が再建された、ということになる。また、鹿野村社が再建された龍田村においては、鹿野村社以外にも、日本統治時代の行政庁舎である鹿野区役場が二〇一三年に修復されるなど、当時の建築物の保存活動が積極的に行われているのである。

本書では、龍田村が位置する台湾東部の特徴を整理した上で、これまでの「親日台湾言説」では説明することが難しい、台湾東部における日本統治時代の建築物の再利用を事例として、日本統治時代の建築物が再利用される過程を明らかにした上で、考察を行っていくこととしたい。

3　台湾における「日本」の過去、そして現在

日本統治時代を経験した台湾の人々や台湾社会自体が、戦後どのように日本統治時代を捉え、また「日本」というものにどのような意味を見いだしてきたのであろうか。この命題は、日本人が行う台湾研究におけるひとつの大きなテーマとなっている。本書においても日本統治時代の建築物の再利用事例について論じていくには、台湾における「日本」の意味を硬直的で単一的なものとしてではなく、可変的で多様なものであると認識する必要があるだろう。ましてや、戦後七五年以上が経過した現在においては日本統治時代の五〇年間（一八九五〜一九四五年）よりも、戦後のほうがはるかに長くなっている。

台湾社会において「日本」はどのように位置付けられ、どのような意味を有しているのかについて、これまで見落とされてきた新たな視点を提示することを目的として、日本統治時代の建築物の再利用に着目して議論を進めていきたい。多くの日本人観光客にとって、保存され、リノベーションされている日本統治時代の建築物は、台湾で親日性を感じるひとつの象徴である。しかし、実際に、台湾の人々は、単に日本が好きだから多額の資金を費やして建築物を再利用するのだろうか。どうして、わざわざ日本統治時代の建築物を選んだのだ

ろうか。また、一口に台湾の人々といっても、行政であれば中央政府と地方政府（日本では地方公共団体や地方自治体と呼ばれることが多い）、政治家であれば国会議員と地方議員、地元住民であれば旧住民と新住民など、当然のことながら、様々な異なる立場の人々が介在する。したがって、本書では、現地社会における文脈に基づいて、個々の立場の人々の働きや相互関係に焦点を当てた上で、日本統治時代の建築物が再利用された経緯について分析を行っていく。

第一章では台湾東部の地域的特色について確認した上で、台湾東部の歴史的背景として日本統治時代の移民事業について論じることとする。これまで台湾東部は、日本認識にかかわる研究の中ではあまり注目されてこなかった。これまで、取り上げられている事例のほとんどが台湾西部であり、台湾東部の事例は見過ごされる傾向にあった。しかし、多様で複雑な台湾社会において、前述のような国民党支持者が多いという傾向だけでなく、台湾西部とは異なる自然環境や民族構成、歴史や社会の発展状況を有する台湾東部(24)に目を向けることは、新たな台湾理解の発見に寄与できるのではないだろうか。とりわけ、日本の台湾統治初期においては、糖業が植民地統治の中心に据えられていたのだが、民間企業による糖業移民事業の先駆けとなったのが、本書で取り上げる台東県鹿野郷龍田村である。したがって、本章では龍田村の歴史に焦点を当てた上で、現在の台湾東部社会における日本統治時代の歴史との連続性について論じる。

第二章では、糖業移民史を歴史的背景とする現地社会の文脈に沿って論じていくこととする。二〇〇〇年代前半に、地方政府の主導によって検討されていた鹿野村社再建計画が、中央政府の判断によって中止となった事例、二〇一〇年ごろに民間組織が鹿野村社の再建を検討しながらも実現することができなかった事例について論じている。

第三章では、二〇一五年の鹿野村社再建完了に向けて、神社再建計画を主導し、再建計画の実施に大きな道筋を付けた人物に着目している。中央政府の地方機関のトップに就任した人物が、いかにして、鹿野村社再建計画を実現可能なものへと変容させるべく行動していたのか。再建工事の開始前に退職するまでの期間において、彼が計画を推進する過程における自身の「本音」と公務員としての「建前」に迫ることで、神社再建計画をめぐるミクロな政治過程を明らかにすることが第三章の目的である。

第四章では、再建工事開始後から再建工事完了までの期間について取り上げて、再建計画においては受け身の存在である地元住民の視点から、地元住民がどのように鹿野村社の再建を捉え、いかにして再建計画を受容していったのかを論じている。ポイントとなるのは、一口に地元住民といっても、龍田村の住民は流入してきた時期によって三つのコミュニティに分かれているという点である。地域社会において、それぞれのコミュニティが、鹿野村社の再建をどのように受け止めていたのか。行政機関や政治家ではない一般の人々が、果たして、日本統治時代の歴史や現在の日本に対して、どこまで考えているのか。台湾における日本の影響について、過剰に読み込むことなく、現地社会の文脈から論じていく。

第五章では、行政の側からでなく、地元住民の主導によって、日本統治時代における行政庁舎である鹿野区役場が修復された事例について論じている。龍田村に移住した時期が比較的遅く、村にゆかりの薄い新移民や、村外部のボランティアといった人々が、どうして周囲に雑草が生い茂る日本統治時代の建築物を再利用しようとしたのだろうか。しかも、中央政府や地方政府には一切頼らず、修復工事の費用や材料、そして、人集めまで何から何まで彼ら自身で行ったのである。地元住民主導で行われる日本統治時代の建築物の再利用の研究上の意義を指摘した上で、コミュニティ形成の視点から論じていくこととしている。

終章では、今を生きる台湾の人々にとっては、切っても切ることができない日本統治時代の歴史。もはや、その地で生活していくのであれば、無視することのできない条件ともいえる歴史とどのように向き合い、自分たちの中でどのように位置付けて生活しているのか。これまでの「親日台湾」イメージで語られる世界とは異なる、台湾社会の複雑性について総括していきたい。

1　松田ヒロ子「台湾における日本統治期の遺構の保存と再生―台北市青田街の日本式木造家屋を中心に」（蘭信三 編『帝国以後の人の移動―ポストコロニアリズムとグローバリズムの交錯点』勉誠出版、二〇一三年一月、八三三～八六五頁）／林初梅「台湾に現れた三つの郷土教育　郷土探し、そして植民地時代の「遺緒」との出会い」（中京大学社会科学研究所、檜山幸夫 編『歴史のなかの日本と台湾　東アジアの国際政治と台湾史研究』中国書店、二〇一四年三月、一九五～二一一頁）

2　藤野陽平「【東アジアのリアル】　台湾の日本語クリスチャンに会いに行こう」（〈http://www.kirishin.com/2019/08/30/28237/〉2019/9/1　閲覧 2022/2/23）

3　台北ナビ「台湾で見つけた日本」（<https://www.taipeinavi.com/special/5057078>　2015/8/27　閲覧 2020/1/14）

4　所澤潤「あの頃の台湾―本稿を読み進めるために」（所澤潤、林初梅 編『台湾の中の日本記憶　戦後の「再会」によるイメージの構築』三元社、二〇一六年三月、九～四四頁）

5　植野弘子「はじめに」（植野弘子、三尾裕子 編『台湾における〈植民地〉経験　日本認識の生成・変容・断絶』風響社、二〇一一年一月、一頁～一六頁）

6　台南市在住の男性談（二〇一七年一一月一四日、男性自宅にて）

7　蔡錦堂「日本統治時代と国民党統治時代に跨って生きた台湾人の日本観」（水口拓寿 訳『戦後台湾における〈日本〉　植民地経験の連続・変貌・利用』風響社、二〇〇六年三月、一九～五九頁）

8　吉川由紀枝「台湾から見た日本の軌跡」（法政大学国際日本学研究所 編『地域発展のための日本研究―中国、東アジアにおける人文交流を中心に』法政大学日本学研究センタ－、二〇一二年三月、四三～七〇頁）

9　周婉窈『増補版　図説　台湾の歴史』（濱島敦俊 監訳、平凡社、二〇一三年二月）

10　前掲 蔡錦堂（二〇〇六年三月、三四頁）

11　前原志保「日本で蔡英文本が売れるわけ」（公益財団法人ニッポンドットコム　<https://www.nippon.com/ja/column/g00437/#>　2017/10/1　閲覧 2022/8/12）

12　「台湾・国民党「反日カード」の効果は？　初の慰安婦像、謝罪要求…地方選へ皮算用」（『産経新聞』<https://www.sankei.com/premium/news/180830/prm1808300005-n1.html>　2018/8/30　閲覧 2020/1/14）

13　蔡明雲 主編『我們為什麼反對課綱微調』（玉山社、臺北、二〇一五年一一月）

14　Record China「台湾・蔡英文総統のお見舞いツイートに「日本人は心つかまれた」―台湾メディア」（<https://www.recordchina.co.jp/b751556-s0-c30-d0035.html>　2019/10/15　閲覧 2020/1/14）

15　酒井亨『哈日族―なぜ日本が好きなのか』（光文社新書、二〇〇四年五月、帯より）

16　「台東龍田神社 84年前遺跡重現」（『聯合報』二〇一五年一〇月二九日、B1版）

17　「祠」とは「社」とも記される小規模神社のことである。西村一之「台湾東部における神のいない「神社」」（上水流久彦 編『大日

本帝国期の建築物が語る近代史　過去・現在・未来』勉誠出版、二〇二三年二月、一六八～一八〇頁）

18　「台湾の小さな「靖国」再建　日本人神職、住民の熱望応え　「ここで会おう」誓い出征　11、12日に神事」（『産経ＷＥＳＴ』<https://www.sankei.com/west/news/150810/wst1508100053-n1.html>　2015/8/10　閲覧 2020/1/21）

19　池上嘉一「ここへお帰りなさい。再建立された台湾鹿野神社」（『大山』第二三三号、大山阿夫利神社社務局広報係、二〇一六年、一一頁）

20　武知正晃「台湾における日本時代の建築物を見る眼差し　―近年なぜ神社の「復興」が目立つのか―」（『非文字資料研究』第一三号、神奈川大学日本常民文化研究所付置非文字資料研究センター、二〇一六年九月、三九～六二頁）

21　台湾東部地区とは花蓮県と台東県を指す言葉である。交通部観光局「東部地區」（<https://www.taiwan.net.tw/m1.aspx?sNo=000504>　閲覧 2020/1/29）

22　内政部「李國強」（『地方公職人員資訊專區』<https://www.moi.gov.tw/LocalOfficial_Content.aspx?n=580&_PARENT_ID=MYR10712VF0010&_TYP=MYR>　閲覧 2023/2/5）／内政部「林金真」（『地方公職人員資訊專區』<https://www.moi.gov.tw/LocalOfficial_Content.aspx?n=580&_PARENT_ID=MYR1002VF0009&_TYP=MYR>　閲覧 2023/2/5）

23　「日本に親しみを感じますか（一つ選択）。」という設問に対して、「親しみを感じる（非常に親しみを感じる／どちらかといえば親しみを感じる）」と回答した人の割合が、台湾北部で79％、中部で82％、南部で81％であるのに対し、東部においては67％にとどまっていた。公益財団法人交流協会『二〇一五年度　第五回対日世論調査』（<https://www.koryu.or.jp/Portals/0/images/business/poll/2015seron_shosai_JP.pdf>　2016/3　閲覧 2022/12/12）

24　林玉茹『殖民地的邊區：東台灣的政治經濟發展』（曹永和文教基金會、遠流、臺北、二〇〇七年一一月、二二一～二二三頁）

第1章　台湾東部の歴史的条件としての糖業移民史

1　はじめに

日本による統治以前、台湾は約二〇〇年間（一六八三～一八九五年）にわたって、清によって統治されていた。また、台湾は、清朝統治時代の前に、オランダ東インド会社によるオランダ統治時代（一六二四～一六六二年）、中国大陸における明の滅亡後、清の進出を受けて台湾を「反清復明」の拠点としようとした鄭成功（一六二四～一六六二年）による鄭氏政権時代（一六六二～一六八三年）を経験している。したがって、台湾は、日本統治時代に至るまでに、すでに長きに渡り外来勢力による統治を経験しており、外来勢力による開発が進められてきたのである。また、戦後は、中国大陸から渡ってきた中華民国政府による政治が行われており、元々台湾に住んでいた人からすれば、現在も外来勢力による統治であるともいえる。

清朝統治時代において、開発が進められていた台湾西部は「前山」と呼ばれていた。一方、隔てて反対側に位置する台湾東部は、「後山」と呼ばれ、開発が大きく遅れた地域となっていた。台湾東部は、中央山脈だけでなく、東海岸沿いに広がる海岸山脈にも囲まれており、陸路でも海路でも足を踏み入れることが困難な地理的条件が、開発が遅れていたひとつの理由であった。

そして、開発が遅れていたもうひとつの理由は、台湾東部は他の地域に比べて、現地で「原住民族」と呼ばれる先住民族が多く住んでいるということであった。清の時代においては、徐々に漢人による台湾東部開発の試みがなされていたものの、原住民族の抵抗が激しく、長い間、漢人と原住民族の居住区域を切り分ける「空間隔離」政策がとられてきたのである。清朝末期から外国勢力の圧力を受けて台湾東部の開発に乗り出したものの、開発はほとんど進むことなく、一八九五年からの日本統治時代を迎えていた。

林玉茹（二〇〇七）は、オランダ、鄭氏、清朝、日本、そして中華民国の時代を経験してきた台湾において、台湾東部は「殖民地的邊區（植民地の辺境）」であると表現している。(1) 自然環境や族群（エスニックグループ）の面で独自の特徴を有する台湾東部は、台湾西部とは異なる歴史を歩んできており、発展の程度も台湾西部より遅れているという。まずは、台湾社会全体の族群について確認した上で、台湾東部および研究対象となる台東県鹿野郷の族群の分布状況について論じ、その後、台湾東部社会における前提条件となる台湾東部の歴史的背景と現在への連続性について論じていくこととしよう。

2　台湾に住む人々、台湾東部に住む人々

王甫昌（二〇〇三）によると、台湾社会で広く使用される族群とは、「共通の起源、あるいは祖先・文化・

言語を有し、一つの集団を構成していることを、自分または他者が認める人々」のことである。したがって、基本的には、民族的差異や言語の違い、さらには台湾に住み始めたタイミングによって族群のグルーピングがなされている。(2) 最近では「年軽族群（若者世代）」というようにカジュアルな意味合いで用いられることもあるが、一九九〇年代以降の台湾社会において族群について論じる際、一般的には四つの族群に分けられることが多い。

まず、民族的観点に着目すると、漢民族と原住民族に分けることができる。元々、台湾に住んでいたのは、オーストロネシア語族（南島語族）と呼ばれる東南アジアから太平洋の島嶼部に広がる諸言語を母語とする原住民族（台湾原住民族）である。現在、原住民族としては、十六の民族が認定されており、それぞれが独自の文化や言語を有している。(3) したがって、漢民族の人々は、それぞれ時期は違うものの、どこかのタイミングで台湾にやってきた移民だということになる。

続いて、台湾にやってきたタイミングに着目すると、第二次世界大戦終結後の国民党による中華民国政府の台湾編入を基準に、それ以前から台湾に住んでいた人々は本省人、それより後に中国大陸から台湾に渡ってきた人々は外省人（戦後移民）と呼ばれている。戦後初期、中国共産党との戦いに敗れて台湾に敗走した国民党は、日本による植民地統治を否定するとともに、いずれ「反共復国」を成し遂げて中国本土を治めることを前提として、自分たちこそが「正統中国国家」であるとの立場で、台湾の「中国化」政策を推し進めた。序章でも少し言及したが、具体的には、学校教育やマスメディアなどを通して、本省人を外省人に同化するための政策を推し進めていくとともに、政治的権力を本省人には与えようとしなかったのである。したがって、本省人は外省人に対して不満を抱いており、台湾社会においては、「省籍矛盾」と呼ばれる本省人と外省人の対立が長らく続いてきた。さらに、本省人内における母語の違いに着目すると、閩南語（福佬語ともいう）を母語とする閩南人（河洛族群）と客家人（客家族群）に分けることができる。

以上のとおり、台湾社会においては、原住民族、閩南人、客家人、そして外省人の四大族群が存在しているといわれているものの、近年では新住民（新移民）と呼ばれる東南アジアなどからの移民の数も増えてきているほか、族群間の通婚も進んでおり、台湾社会において、族群意識は薄まりつつあるといえよう。したがって、社会全体における族群の分布状況を捉えることは難しくなってきている。

参考までに、二〇二一年に客家委員会が実施した全国調査（標本調査方式）において、「自身が一つの族群に属するのであればどの族群であると自認するのか」という問いに対する回答の数字に依ると、71.3％が福老人（閩南人）、15.2％が台湾客家人（客家人）、3.0％が原住民族で、5.0％が大陸各省市人（外省人）であるという結果が示されている。(4) この設問には、「台湾人」などの回答も用意されていること、そして、「自認」ベースの回答であることにはしっかりと留意する必要があるものの、一定程度、現在の台湾社会における族群構成を反映していると考えられるのではないだろうか。ちなみに、台湾北部最大の都市・台北市に限った数字でいえば、69.8％が閩南人、11.6％が客家人、0.4％が原住民族で、9.7％が外省人であり、台湾南部最大の都市・高雄市においては78.4％が閩南人、10.2％が客家人、2.3％が原住民族で、3.4％が外省人であると回答している。このように、台湾においては、各地域において、族群構成にグラデーションがあり、大雑把にいえば、台湾北部は比較的外省人が多く、台湾南部は比較的本省人（特に閩南人）が多い傾向にあるといわれている。したがって、一つの地域でバランス良く全国平均に近い族群構成が形成されている地域はほとんどない。

また、政治においても、族群の影響がこれまでは頻繁に指摘されていた。長らく、台湾北部は外省人が多く、台湾南部は本省人（特に閩南人）が多いことから、台湾中部を東西に走る河川である濁水渓より北は国民党、南は民進党の支持基盤といわれてきた。しかし、二〇一八年の統一地方選挙では高雄市で国民党が二〇年ぶりに市長の座を奪い、北部の桃園市や基隆市では民進党が大勝しているのである(5)。このように、族群ごとの政治意識は、依然として地方では残っているものの、都市部を中心に薄まってきている傾向にある。

ここまで、台湾社会全体における族群について確認してきたが、台湾東部においては、どのような族群構成となっているのだろうか。小笠原欣幸（二〇一四）は、台湾東部の族群構成の特徴として、原住民族や客家人の割合が高いこと、そして、裕福ではない老兵や外省人が多いと論じている(6)。老兵について少し補足すると、日中戦争や国共内戦の後、外省人の退役軍人が数多く台湾に渡ってきており、彼らは「栄誉国民（しばしば「栄民」）」と呼ばれているのである。先述の客家委員会の全国調査によると、花蓮県においては、50.1％が閩南人、25.7％が客家人、16.4％が原住民族で、4.7％が外省人であると回答しており、閩南人の割合が全国平均よりも低く、客家人の割合が全国平均よりも高くなっている。

その一方で、台東県においては、54.8％が閩南人、15.7％が客家人、22.6％が原住民族で、3.3％が外省人であると回答しており、原住民族の割合が全国平均よりもかなり高くなっていることがよくわかるものの、外省人の割合はそれほど高くない。本書で取り上げる台東県鹿野郷に限った回答結果を見てみると、72.7%が閩南人、18.8%が客家人、6.4%が原住民族で、0.3%が外省人と回答しており、閩南人の割合が台東県平均と比べて極めて高くなっている。鹿野郷における個別の事情については、後ほど詳しく確認していくが、戦後直後より台湾西部からの移民が流入しているほか、現在でも台北などの都市部からのIターン者[7]が移住していることなどがひとつの要因であると考えられる。

以上のように、台湾東部といえば、原住民族や客家人、そして外省人が多いと一般的には理解されているものの、郷レベルといったミクロな観点から分析してみると、一概にそうであるとはいえず、複雑な族群構成となっているのである。このような複雑になってきている台東県の族群構成を、前掲の小笠原（二〇一四）は「台湾の縮図」であると表現している。その一方で、複雑な族群構成が台東県における地方政治を分析する難しさを生んでいるのだといい、小笠原は台東県を研究対象には選んでいない。これまで、台湾東部は独自の自然環境や族群構成、歴史などを有しているとして、いわば台湾研究における「例外」として扱われてきた側面がある。しかし、重層的な移民社会を形成している台湾社会において、族群構成の面から現在の台湾東部をみてみると、必ずしも特別というわけではない。むしろ、郷レベルで族群構成をみると、台湾南部の高雄市などと同様に閩南人の割合が高いような場合もある。

3　台湾東部の歴史的特殊性と移民事業

現在において、族群構成という点では、それほど特殊であるとはいえない台湾東部だが、過去からの経緯や歴史に目を向けてみると、台湾東部の歴史において特徴的なポイントが見えてくる。どのようにして、現在の台湾東部における複雑な族群構成は生み出されたのだろうか。また、台湾西部と比較して、台湾東部が異なる歴史を有しているのはどうしてなのだろうか。ここからは、日本統治時代以降の台湾東部の歴史について、当時の時代背景を確認していく。

一八九四年に始まった日清戦争を経て、一八九五年四月に下関条約が締結されると、台湾は清から日本に割譲され、日本は台湾の領有を開始した。しかし、当初は、台湾総督府から見れば「土匪《どひ》」と呼ばれた人々の抵抗が激しく、台湾の治安確立が当面の急務とされた[(8)]。日本から北白川宮能久《きたしらかわのみやよしひさ》親王を団長とする近衛師団が派遣されるなどして台湾の制圧が進められていったのである。北白川宮能久親王は、のちに、台湾において信仰の対象とされ、台湾に建立される諸神社に祀られることとなった[(9)]。このように、軍隊による土匪討伐が行われる中、一八九五年六月には、新たな植民地統治機構として台北に置かれた台湾総督府で始政式が行われ、台湾総督府による植民地経営が幕を開けることとなった[(10)]。

日本統治時代以前の台湾において、最も盛んだった産業が糖業であった。台湾における糖業の起源については、オランダ統治時代以前の十五世紀頃に台湾に渡ってきた漢人移民によって始められたといわれている。そして、オランダ統治時代においては、オランダ東インド会社が砂糖の生産と日本への輸出を奨励しており、オランダ統治時代末期の一六五八年には、生産量の約35%を日本に輸出していた。清朝統治時代に入ると、清朝政府の鎖国主義的政策により、台湾で生産された砂糖はもっぱら、清本国への輸出に充てられた。十九世紀中頃に至るまでは、清の国内市場と結びついて、台湾糖業は発展を続けていったのである。その後、一八四〇年に始まったアヘン戦争に清が敗れると、清は欧米諸国と不平等条約を結ぶことを余儀なくされ、市場は海外に解放されることとなった。開港と外国商社の進出に加え、モーリシャス島および西インド諸島のサトウキビおよびフランスの甜菜の不作などに乗じて、台湾における砂糖の生産力は画期的な飛躍を遂げていった。

社団法人糖業協会（一九六二）によると、当時の生産高を知る数字はないものの、一八七六年から一八八四年の期間が、日本統治時代以前の台湾における糖業の全盛期だったようである。しかし、一八八四年に清仏戦争が起こると、台湾の港はフランス艦隊に封鎖され、砂糖の輸出が途絶えてしまうこととなり、買い手の見通しが立たない中、翌年度、生産者の多くはサトウキビ栽培を控えることとなった。その後、ヨーロッパの甜菜糖生産が著しい発展を遂げたこともあり、台湾糖業は全盛期まで回復することはなく、日本統治時代を迎えることとなった(11)。

また、日本統治時代初期は、土匪による抵抗や混乱などにより、砂糖の生産量はさらに減少し、砂糖の質も低下していた。[12] それでも、台湾において、最も重要な産業が糖業であることに変わりはなく、日本における砂糖需要に対応するためには、経営と技術の面で全面的な改良が必要とされていた。加えて、当時の日本は日清戦争後の財政状況の悪化という大きな問題に直面しており、台湾総督府は、台湾財政を独立させるためにも、いかにして台湾における産業の開発を推し進めるかが当面の切迫した課題であった。そのような状況において、一八九八年に第四代台湾総督に就任した児玉源太郎によって、民政長官に任命された後藤新平は、優秀な技術者を招聘するため、札幌農学校の卒業生である新渡戸稲造に糖業振興に関する政策立案の協力を依頼した。新渡戸稲造はスペインやイタリア、エジプトといった海外の糖業を視察した後、台湾総督府殖産局長に任命され、台湾産業の改革や振興といった職務を任せられることとなった。新渡戸稲造はジャワ糖業や台湾全島の視察を行うとともに、様々な調査研究を行った後、一九〇一年九月、台湾総督府の財政独立と積極的な糖業保護政策を軸とする「糖業改良意見書」を児玉源太郎に提出したのであった。そして、その内容が認められると、意見書に沿って数々の施策が実行されていった。[13]

以上のとおり、日本統治初期において、糖業が台湾における産業の中心に据えられた。もうひとつ非常に重要視されていたのが、日本人の台湾移住による移民政策であった。台湾総督府は領台当初から移民政策の必要性を認識しながらも、台湾内の平和維持といった他の政策に注力する必要があり、すぐに移民事業に着手することはできなかった。しかし、台湾の情勢が次第に落ち着いてくると、まずは資本家の台湾進出を促すこととし、民間による私営移民事業に対して、積極的な許認可を始めたのであった。初期の私営移民事業の先駆けといえるのが、花蓮港庁（現在の花蓮県）において行われた賀田金三郎による移民事業である。賀田金三郎は、一八九九年に賀田組墾殖会社を設立し、台湾総督府から広大な土地を借り受け日本人移民を募集し、運輸や郵便、金融、そして、製糖や樟脳の製造などの事業を始めた。糖業については一九〇四年、賀田組は呉全城（現在の花蓮県寿豊郷平和村）に賀田組農場を開くと、赤糖を生産して日本への販売を開始した。日本人移民たちは慣れない気候や風土に苦戦したほか、近隣に住む原住民族との衝突にも悩まされることとなった(14)。そのような状況は他の初期私営移民村でも同様であり、結局日本統治時代初期の私営移民事業は失敗に終わった。

しかし、依然として、台湾統治における移民事業の必要性を感じていた台湾総督府は、民間資本に頼った私営移民事業だけでなく、今度は自らが官営移民事業に乗り出すことになる。官営移民事業を推進するにあたり、台湾総督府は、①植民地統治における必要性、②将来的な台湾以南への更なる南方進出の足掛かりとすること、③国内の人口過剰問題を解決すること、④国防上および台湾人（当時の呼称は「本島人」）の日本人（当時の呼称は「内地人」）への同化をその理由として挙げていた。したがって、官営移民事業は単なる産業振興政策ではなく、さまざまな意味を持ち合わせていた。

まず、官営移民事業を始める前に台湾総督府が実施したのが、移民適地調査である。一九〇八年から始められた調査では台湾東部だけでなく、台湾西部の調査も行われた。台湾西部においては、農地の集積が難しく、移民適地調査で何とか目星を付けることができた土地は少なかった。また、調査で見つけた土地についても、土壌の質が良くない平地、もしくは山地ばかりであった。したがって、台湾の自然条件に慣れていない日本人移民が、そのような土地を開墾して農業に従事したとしても、現地の漢人農民よりも劣った立場になる恐れがあることは明らかであったという。加えて、日本に匹敵するレベルもしくはそれ以上に人口密度が高く、日本人と台湾人で衝突を引き起こす可能性があることから、台湾西部は移民事業に適していないという結論が出された。一方、台湾東部に関する調査については、一九〇九年と一九一〇年にわたって実施され、調査の結果、鹿寮《ルーリアオ》（現在の龍田村を含む地域一帯）など十五箇所の適地を見つけることに成功した。台湾東部においては、自然環境が厳しいというデメリットがありながらも、人口密度が低いことや、当時台湾総督府によって文化レベルが比較的低いと認識されていた原住民族が住民の多くを占めており、原住民族を日本人に同化する必要があり、それが可能であること、それらを踏まえて模範となる「日本的な農村」を運営することが台湾西部よりも比較的容易であることが、移民事業に適している理由として挙げられたのである。つまり台湾東部は、漢人が生活を営んでいない、いわば「空白の場所」であったため、官営移民事業の候補地として選ばれることとなったのであった。(15)

4　旧日本人移民村における前提条件としての糖業移民史

以上のような経緯で、台湾東部で官営移民事業の検討が進められることとなったわけであるが、ここからは、台湾東部全体の歴史を概観しつつも、本書で取り上げる台東県鹿野郷龍田村に焦点を絞った上で、日本統治時代中頃以降の日本人移民村としての歴史を論じていく。現在の龍田村は、一九六一年に旧日本人居住区と周縁の地域を、日本統治時代に形成された鹿野村から分離する形で区分された。

他の台湾東部地域の例に違わず、当時の鹿野村周辺地域一帯は、長らくは先住民族が生活を営む平原が広がっていた。一八八〇年頃、流入してきた漢人たちがこの地を鹿寮《ルーリアオ》と名付けて開墾し始めたが、漢人移民の多くは、先住民族との関係や疫病などを理由に、まもなく鹿寮を離れていったという[16]。その後、日本統治時代に入ると、漢人移民が去ってから「空白の場所」となっていた鹿寮が前述のとおり官営移民事業の候補地として選定されたのであった。その際、それぞれの候補地には、台湾総督府によって日本風の村名が付けられていったのだが、鹿寮については、鹿寮の頭文字である「鹿」の字と、原野の「野」の字を取って、鹿野《しかの》村と名付けられたのであった。同様にして、台東庁（現在の台東県）と花蓮港庁にまたがる他の候補地の村名も命名され、一九一一年三月一日に台湾総督の決裁を得て、正式に村名が決定した。

村名が決まりいざ官営移民事業計画が始まろうかという同年七月、台東庁内で成廣澳事件（台湾では麻荖漏［マララウ］事件と呼ばれている）が発生した。これは、成廣澳支庁内で発生した原住民族のアミ族と都歴警察官吏派出所の福間彦四郎巡査の衝突が契機となった抗日事件であり、福間を含む日本人が三名殺害され、その後、原住民族のアミ族と、台北庁や宜蘭庁、台中庁、台南庁から警察の派遣を受けた日本人部隊が抗争を繰り広げた。最終的には、アミ族が銃器の放棄に応じて事態は収束したものの、解決まで実に四八日間もの月日を費やした。この事件を受けて、官営移民事業計画における土地収用がさらに原住民族を刺激する恐れがあることから、台湾総督府は台東庁内での移民計画を断念せざるを得なくなった。その結果、台湾総督府は、花蓮港庁の吉野村、豊田村、林田村の三移民村のみで官営移民事業を行うこととしたのであった(17)。

こうして、鹿野村における官営事業移民計画は中止となった。その後、一九一三年に成立した台東製糖株式会社（以下「台東製糖」）は、製糖に必要となる原料を確保する必要性から、鹿野村にサトウキビを栽培する移民を募集することに決めたのである。台湾総督府は、台湾東部がある程度発展したことから、一九一七年に官営移民事業を打ち切り、再び資本家や企業などによる私営移民事業を推進しようとしていた。

私営移民事業推進の機運が高まりを見せる一九一五年、前年に勃発した第一次世界大戦によって、ヨーロッパがアジアからの物質供給を必要としたことによる好景気と、国際的に砂糖の価格が上昇していた状況をうけて、台東製糖は新式工場を導入し、製糖量の増大を目論んでいた。台東製糖の丸田治太郎専務は、最初の一手として、官営移民事業予定地であった鹿野村において、サトウキビを栽培する移民を募集することを決め、これに対し総督府も積極的な援助を承諾した。具体的には、冬季に降雪の影響で農業ができなかった、丸田自身の郷里である新潟県の農民を、一一月から翌年四月までの短期移民として募集し、鹿野村の開墾にあたらせたのであった。そして、一九一七年から一九年にかけては、新潟県からの短期移民に加えて永住移民も募集するようになる。そうして鹿野村の人口は次第に増加していった。人口がピークを迎えていた一九一九年一二月の時点では二〇一戸、六五四人の永住移民に短期移民を加えると、一、三五〇人余りが鹿野村で生活を送っていた。しかし、台東製糖の経営状況は思わしくなく、一九一八年からサトウキビの作付面積増加のために、台東庁内に漢人移民村も設立したり、山あいの移民村で栽培したサトウキビを市街地に運輸するための鉄道を修築したりしたのだが、そのような大型投資に見合う成果は現れなかった。追い打ちをかけるように、一九一九年九月には大型台風により、工場や移民の家屋、鉄道などが甚大な被害を受け、さらに一九二〇年の戦後恐慌により、台東製糖株式会社による開拓事業は停止に追い込まれ、移民の離散者が相次いだ。残留者は総督府の援助により何とか窮地を脱したが、その後、製糖事業と開拓事業が分離することが決められ、移民事業については、一九二一年に成立した台東開拓株式会社（以下「台東開拓」）に引き継がれることとなった。この時点では、鹿野村に残る日本人はわずか八四戸、一七四人だけとなっており、労力不足が問題となっていた。したがって、台東開拓は、台東製糖が行ってきた日本人移民だけに頼った鹿野村での移民事業方針を変更し、漢人たちも鹿野村において開墾できるようにした。日本統治時代以前の鹿寮における漢人たちの移民事業は失敗に終わっていたため、実はこれがこの地における最初の漢人移民の定住となるのであった。

漢人によるサトウキビ栽培を奨励することで厳しい状況を立て直そうとした台東開拓であったが、一九二八年に台東開拓は移民の募集を停止することとなった。その後の一九三〇年代においては、鹿野村を含む私営移民事業は思うような成果が現れず、資金欠乏のために経営難に陥り、移民は漸次衰退しているとの記述が度々、台湾総督府の殖産局が発行する『臺灣農業年報』[18]や新聞『臺灣日日新報』[19]に散見される。一九三七年に、再び台東開拓は台東製糖に吸収され、一九四三年には当時の二大製糖会社のうちのひとつで、明治製菓などを持つ明治グループの起源である明治製糖株式会社に吸収合併されることとなった[20]。

以上のとおり、台東製糖や台東開拓による移民事業の状況は芳しくなかったものの、一九二八年に台東開拓が移民募集を停止した後の鹿野村には、多くの漢人自由移民たちが流入してきたのである。鹿野村は、当時の行政区画である鹿野区（のちに鹿野庄）の中心地であったため、役場や水道、学校、神社、公共浴場といった公共施設が整っていたほか、名医の呼び声が高い神田全次医師の医務室があったことが、自由移民を引きつける要因となったのである。しかし、彼らは基本的に鹿野村の日本人居住区に住むことは許可されず、周縁の西側と東側にそれぞれ五十戸地区と九戸地区に集落を形成して生活していた。その一方で、漢人の中でも、行政組織や製糖会社関連の職につく、ごくわずかな知識人とその家族だけは日本人居住区に住むことを許された。かれら知識人たちは台湾総督府の宥和政策として植民地政治体制中の基層に取り込まれ、行政吏員の地位に登用されたとしても、街庄区長や助役、書記等の行政末端の吏員あるいは議決権や立法権を持たない各行政レベルにおける「議員」の地位にとどまった。それでも、日本統治時代にそれらの地位についていた人々は戦後も継続的に権力を持ち続ける傾向にあったという[21]。

鹿野村においても、徐木清[22]（鹿野庄役場書記など）や謝阿森（会社員）、盧賬頂[23]（医務室医師）をはじめとする当時の知識階級の人々とその家族は鹿野村に住むことを許されていたのだが、彼らはいずれも、鹿野区（庄）役場で働く公務員もしくは台東製糖および台東開拓の社員であった。また、戦後になっても、徐木清が鹿野郷公所で財務主任や秘書を務めていた。

このように、日本統治時代後期の鹿野村は、日本人移民だけでなく、漢人移民にも支えられていたのであった。そして、一九四五年に第二次世界大戦が終結すると、明治製糖は国民党に接取されて、一九四六年には国営企業である台湾糖業有限公司（一九四八年には台湾糖業股份有限公司に改称。以下「台糖」）となったのである。ここまで見てきたとおり、鹿野村における私営移民事業は継続して大きな成果を上げることはできなかったが、台東製糖が募集して集めた日本人糖業移民たちが土地を開墾したこと、台湾総督府がこの地に設置した役場をはじめとする公共施設が充実していたことが、結果的に多くの漢人移民を呼び込むこととなったのである。なかでも、日本統治時代に公務員や台東製糖および台東開拓の社員として働いた知識人たちは、戦後の現地社会においても力を発揮していくのであった。

5　戦後における糖業移民史の連続性

第二次世界大戦が終結し、一九四五年一〇月に国民党政府が台湾を統治すると、鹿野村の日本人移民は、農舎や田畑を残して、日本に帰国することを余儀なくされた。したがって、日本人と一部の漢人知識人が住んでいた鹿野村に残された住民は、知識人とその家族だけとなり、再びこの地は「空白の場所」となった。しかし、その状況はすぐに解消されることとなる。元々日本人が住む良質な場所だったこともあり、日本統治時代に鹿野村の周縁に位置する五十戸地区や九戸地区に住んでいた漢人が続々とかつての日本人居住区へと移り住んで来たのである。鹿野村の大部分の土地は、明治製糖を接収した台糖が所有しており、周辺に住む漢人たちは台糖から土地を借り受けたりしながら、鹿野村への移住を進めて行ったのである。そのような鹿野村においては、戦後当初は、日本統治時代に引き続きサトウキビ栽培が行われていたものの、経済効果は芳しくなかったという。

しかし、一九五五年、行政院経済安全委員会は、台湾東部の発展のために台東県でパイナップル栽培と缶詰製造事業を発展させることにしたのである。事業は台糖に委託され、アメリカからの援助資金を活用して、台東県に缶詰製造工場が設立されることとなった。そして、工場の供用開始にあわせて、台糖は一九五八年に鹿野村をパイナップル栽培事業区として指定したのである。当時、主要なパイナップルの産地であったハワイで製造費用が高まっていたことから、台東で製造された缶詰は主に輸出用として、アメリカ軍に供給され、順調に利益を獲得し、パイナップル栽培事業区となった鹿野村には、台湾西部の彰化や台湾南部の台南などから数多くの移民が押し寄せた。当時、それらの地域では、台風や豪雨によって農地が甚大な被害を受けており、生活に困窮していた人々が台湾東部全体に流入してきた、という時代背景があったことも付け加えておきたい。このように、戦後になって、かつての日本人居住区にその周縁地区や、遥か離れた台湾西部などから流入してきた漢人移民たちは「二次移民」と呼ばれている。二次移民という言葉については、臺東縣後山文化工作協會（一九九六）などで使用されている[24]。そして二次移民の流入による急激な人口増加を受けて、一九六一年にかつての日本人居住区と周縁の五十戸地区や九戸地区などを含んだ地域が、鹿野村から分離される形で新たに龍田村として定められたのであった。こうして、今日の龍田村ができたわけであるが、この時点で、龍田村の住民構造は少数の日本統治時代の知識人とその子孫と、戦後初期に流入してきた二次移民とその子孫の二層となっているといえよう。しかし、龍田村に流入する移民の波はこれで終わることはなかったのである。[25]

一九六〇年代以降の台湾社会は急激に伝統的農業社会から近代的商工業社会への転換を遂げていた。[26] 社会の中心が農村から都市に移行したことにより、農村から都市への人口流出が問題になり始めたのもこの頃である。その一方で、都市でホワイトカラーとして生活するのではなく、農村での生活を楽しみたいと考えるIターン者が見られるようになっており、龍田村の山々に囲まれた美しい自然環境と日本統治時代の名残で整備された街並みが残る居住区はIターン移住者を惹きつけるのに充分だったようである。[27] この頃に始まった龍田村におけるIターン移住者およびUターン者[28]の流入は現在でも続いており、龍田村の文脈で「新移民」と呼ばれる彼らは、独自のコミュニティを形成[29]することで住民構造の三層目を形成している。台湾社会において、一般的に新移民といえば、一九八〇年代以降に台湾に流入してき

二次移民の邱雲海が大滝藤吉から購入した住宅
（筆者撮影、2017 年 11 月 15 日）

た移民を指し、中でも東南アジア籍の人々に焦点があてられた言葉となっている。[30] しかし、龍田村において新移民は、単に他のグループよりも遅いタイミングとなる一九七〇年代以降に、台北などの都市部から龍田村に移住してきた人々を指しており、[31] 本書では後者の意味で新移民という語を用いることとする。したがって、現在の龍田村においては、龍田村に流入してきた時期によって、①日本統治時代の知識人とその子孫、②二次移民とその子孫、③新移民という三つのコミュニティが存在しているのである。

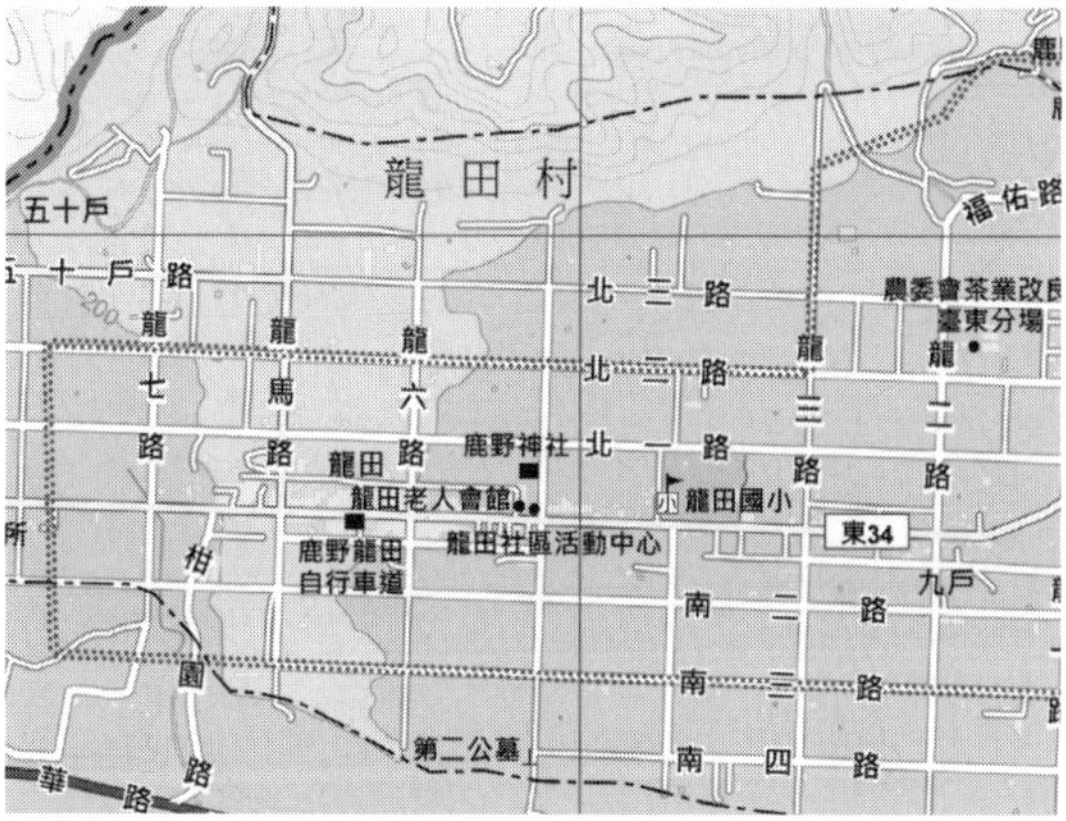

現在の龍田村、方格設計された街並みが確認できる
（「臺東縣鹿野鄉行政區域圖」内政部、2021年11月）

6　「台湾の縮図」

台湾東部は歴史的に開発が遅れていて人口が少ない土地であったがゆえに、清朝統治時代以来、漢人や日本人たちが台湾東部に流入し、現在では「台湾の縮図」ともいえる複雑な族群構成が織りなす重層的な移民社会を形成している。

日本の台湾領有当初「空白の場所」となっていた台湾東部の花蓮港庁と台東庁において、台湾総督府は現在の台東県鹿野郷龍田村（日本統治時代の鹿野村）を含めた各地で官営移民事業を計画していた。ところが、台東庁内における原住民族による抗日事件を受けて、鹿野村を含む台東庁での官営移民事業は見送りとなった。しかしその後、台東製糖によるサトウキビ栽培の担い手確保のための私営移民事業が始められ、鹿野村で日本人が生活するようになったのであった。終戦を迎えて日本人が鹿野村を去り、再度「空白の場所」となると、終戦直後から、多くの移住者が台湾各地から流入した。その結果、鹿野村は重層的な移民社会を形成するようになり、その特徴は鹿野村の居住区を多く含む形で分離され区分された龍田村に受け継がれている。このように、鹿野村（龍田村）においては、開発を諦めたりすることにより、誰かがこの地を去り「空白の場所」となれば、新たな住民が入ってくるということが繰り返し起こっている。

日本統治時代からの歴史の連続性に目を向ければ、龍田村では日本統治時代の製糖会社を接収した台糖が多くの土地所有権を有し、公務員や製糖会社の社員として働いていた知識人およびその子孫が、現在においても名声を誇っている。それらの見過ごすことのできない連続性は、戦後の現地社会における政治過程にどのような影響を及ぼしているのだろうか。また、その過程の中で、日本統治時代の歴史や現地の人々の対日観はどのように作用しているのだろうか。日本統治時代の建築物である鹿野村社と、鹿野区（庄）役場の再利用をめぐる政治過程をつぶさに見ていくことで、それらを論じていくこととする。

1　林玉茹『殖民地的邊區：東台灣的政治經濟發展』（曹永和文教基金會、遠流、臺北、二〇〇七年一一月）
2　王甫昌『當代台灣社會的族群想像』（群學、臺北、二〇〇三年一二月）
3　以下、各族群の名称について、中央行政機関である行政院が族群について解説しているホームページで使用しているものは、それぞれ括弧内の呼称である。行政院「族群」（<https://www.ey.gov.tw/state/99B2E89521FC31E1/2820610c-e97f-4d33-aa1e-e7b15222e45a>　2022/3/3　閲覧 2022/11/22）
4　福老人、台湾客家人および大陸各省市人の括弧書きについては、筆者が便宜上、追記したものである。以下、台湾全体および各都市の割合は、客家委員會（二〇二二）附錄六六～七五頁を参照。客家委員會『一一〇年全國客家人口暨語言基礎資料調查研究』（<https://www.hakka.gov.tw/File/Attach/37585/File_96737.pdf>　2022/5　閲覧　2022/11/21）
5　「記者の目　台湾総統選にみる「省籍」　世代移ろい薄れる対立」（『毎日新聞』二〇二〇年一月一五日、東京朝刊、一〇面）
6　小笠原欣幸「台湾の選挙を地方から読み解く―雲林県の事例」（若林正丈 編『現代台湾政治を読み解く』研文出版、二〇一四年四月、二三三～六三頁）
7　都会出身者が地方に移住することをIターンという。「くらしナビ・カルチャー：地元文化をつくるミソ　サントリー文化財団、小島多恵子さんに聞く実例」（『毎日新聞』二〇一四年一〇月三一日、大阪朝刊、一四面）
8　社団法人糖業協会『近代日本糖業史』上巻（勁草書房、一九六二年一二月、二四三頁）
9　松下迪生「日本統治期台湾における歴史の顕彰と植民地社会 ―北白川宮能久親王御遺跡所を事例に―」（国立文化財機構奈良文化財研究所 編『文化財学の新地平』吉川弘文館、二〇一三年四月、一一九七～一二〇八頁）
10　片倉佳史「教育の聖地・芝山巌を歩く」（『交流』第八三〇号、財団法人交流協会、二〇一〇年五月、二五～三三頁）
11　前掲 社団法人糖業協会（一九六二年一二月、二一五～二二四頁）
12　新福大健「糖業連合会の活動」（松田吉郎 編『日本統治時代台湾の経済と社会』晃洋書房、二〇一二年二月、二一～三四頁）
13　前掲 社団法人糖業協会（一九六二年一二月、二七七～二八六頁）／矢内原忠雄『帝国主義下の台湾』（岩波書店、一九八八年六月、二一五～二一八頁）／劉書彦「新渡戸稲造の台湾糖業政策と植民思想の展開」（国際アジア文化学会 編『アジア文化研究』第一四号、国際アジア文化学会、二〇〇七年六月、六三～七五頁）

14 陳瑞琪「呉全城的賀田組農場事務所（一九〇〇年代）」（文化部 <https://cmsdb.culture.tw/object/980369C-5391-4E58-B00E-F4FCDB0EC76F> 閲覧 2022/12/18）

15 臺灣總督府『臺灣總督府官營移民事業報告書』（臺灣總督府、一九一九年三月）

16 趙川明「龍田紀事」（羅文龍 總編輯『龍田紀事』臺東縣立文化中心、臺東、一九九四年六月、二～九頁）

17 花蓮港廳『三移民村』（花蓮港廳、一九二八年八月）／臺灣總督府警務局『理蕃誌稿　第三編』（臺灣總督府警務局、一九二一年三月、二四三～二四六頁）／趙川明「龍田村史」（李美貞 編『龍田鄉土文化生態解說手冊』龍田蝴蝶保育推廣協會、臺東、二〇〇四年一一月、一～三九頁）

18 臺灣總督府殖産局『昭和五年版　臺灣農業年報』（臺灣總督府殖産局、一九三〇年一二月）／臺灣總督府殖産局『昭和六年版　臺灣農業年報』（臺灣總督府殖産局、一九三一年一二月）

19 衛藤俊彦「悲惨なる鹿野村　東台湾の諸問題（五）」（『臺灣日日新報』（一九三一年七月一三日、夕刊、一面）

20 施正寛 總編纂『臺灣地名辭書 巻三 臺東縣』（臺灣省文獻委員會、南投、一九九九年一二月）／夏黎明 總編纂『鹿野鄉志』（上・下）（臺東縣鹿野鄉公所、臺東、二〇〇七年八月）／前掲 趙川明（一九九四年六月）／前掲 趙川明（二〇〇四年一一月）／趙川明 主編『日出臺東：縦谷文化景觀』（國立臺東生活美學館、臺東、二〇一一年一一月）

21 呉文星（『日治時期臺灣的社會領導階層』（五南、臺北、二〇〇八年五月）

22 黃學堂「徐木清」（『增修臺東縣史 人物篇』臺東縣政府、臺東、二〇一八年一一月、一六一～一六三頁）

23 前掲 趙川明（二〇一一年一二月、二八五頁）

24 臺東縣後山文化工作協會 編（『臺東縣寺廟專輯』臺東縣立文化中心、臺東、一九九六年五月、九六～九七頁）

25 龍田村は龍田（戦前の鹿野村日本人居住区と九戸）、五十戸、馬海（戦前の馬背）、湖底で構成されている。前掲 趙川明（二〇〇四年一一月、一七頁）

26 陳明通（若林正丈 監訳『台湾近代政治と派閥主義』東洋経済新報社、一九九八年四月、三頁）／若林正丈『蒋経国と李登輝「大陸国家」からの離陸？』（岩波書店、一九九七年六月、一四五～一四六頁）

27 胡文偉、本計畫團隊「龍田實踐夢想的起點站」（<http://www.lrb.gov.tw/website/life_detailed/453> 2016/8/1 閲覧 2019/10/17）

28　地方出身者が都会から地元に戻ることをUターンという。前掲『毎日新聞』（二〇一四年一〇月三一日）

29　網住花東情養生休閒聯絡網「【在地社群】台東鹿野龍田村／社區擴大大經營轉為社群」（<http://www.lrb.gov.tw/website/plan_detailed/421> 2016/11/18　閲覧　2019/10/20）

30　田上智宜「多文化主義言説における新移民問題」（沼崎一郎、佐藤幸人 編『交錯する台湾社会』アジア経済研究所、二〇一二年三月、一七五～二〇七頁）

31　鍾青柏 總編輯『龍田村百年移民史』（臺東縣政府文化處、臺東、二〇二〇年一〇月）

第2章　地方政府と民間組織による日本統治時代の神社再建計画

1　日本統治時代の神社の再利用についての先行研究

台湾において日本統治時代に建てられた神社が、戦後になって現地社会においてどのように再利用されているのかという研究については、近年になって研究成果の蓄積が進んできているところである。というのは、戦後長らく、鹿野村社のように日本統治時代の神社が観光資源などとして再利用されることはほとんどなかったためである。戦後、国民党による統治当初は、神社を含む日本統治時代の建築物は強制的に収用され、社会福祉や公益事業を行うための場所への転用が進められた。[1] 特に、神社については、一九一二年の中華民国が成立前の、辛亥革命などで犠牲となった「革命烈士」や台湾の「抗日英雄」などを祀る忠烈祠へと転用されたのである。[2]

蔡錦堂（二〇〇八）によると、それらの目的は、台湾に残る戦前の国家神道（国民統合の支柱としての神道）の名残を取り除くとともに、日本帝国から中華民国へと台湾の統治主体が移行すると同時に、「国家の宗祀（国家が祀るべき公的施設）」が転換したことを示すためのものだったという。[3] さらに、一九七二年の日中国交正常化により、日本と中華民国が断交した直後の一九七四年には、政府から日本統治を象徴する建築物に対する最大の破壊命令が出され、日本の神社遺跡は一掃することが求められた。[4] したがって、日本統治時代の神社の姿を留めた忠烈祠の数は大きく減少することとなった。

そのような状況下において、一九八五年、戦後直後に桃園忠烈祠に転用され、日台断交後も建物の破壊を逃れていた桃園神社の取り壊し計画が明らかとなった。すると、当時台湾では文化資産（台湾における日本の文化財、文化遺産に相当する概念）の機運が高まっていたこともあり、桃園神社が歴史的価値を持つ建築物であるとして、保存運動（桃園神社保存事件）が行われたのである。[5] 結局、修復工事が行われ、桃園忠烈祠は保存されることとなったが、一九九七年に桃園県政府が正式名称を桃園神社に変更しようとしたところ、これについては批判が噴出したという。結果として、桃園神社保存事件は、台湾社会において人々が日本統治時代の建築物の存在意義と価値を考える契機となったのである。[6] 台湾において日本統治時代の神社は、戦後直後から一九八〇年代頃までは破壊すべき対象であるとされ、再利用されたとしても、その目的は忠烈祠として抗日英雄などを祀ることなどであった。[7] しかし、その後、台湾社会における多文化主義や民主化の進行によって文化資産の保存が重要になってきたことに伴い、日本統治時代の神社の保存や再利用も徐々に広がっていったのである。

以上を踏まえて、近年の台湾における日本統治時代の神社の再利用についての先行研究を概観してみると、実際に再利用されている事例を取り上げ、再利用の実態および目的や再利用に至るまでの経緯などについて論じたものがそのほとんどである。林承緯（二〇一八）は、鹿野村社の再建をはじめとする複数の神社遺跡の活用事例を紹介した上で、台湾において日本統治時代の宗教施設が、宗教施設としてではなく文化資産として活用されるようになってきている趨勢があることを示している。(8)

武知正晃（二〇一六）は、台湾の旧神社遺跡における神社の社殿の鳥居の再建について、必ずしも建築物として元の形が完全に復元されていないことや、神社遺跡として日本統治時代の状態に戻されていないことに留意した上で、「復興」という言葉を用いて論じている。武知は、本書で取り上げる鹿野村社の再建のほか、苗栗県（台湾中部）の通霄神社の修復や屏東県（台湾南部）でクスクス祠が日本人神職の出資によって「高士神社」として再建された事例を取り上げた上で、多文化主義を掲げる台湾社会（詳細は第五章参照）において、神社を多文化主義の枠組みに加えることに慎重な立場を示しながらも、神社でさえも歴史的な評価から切り離して建築物と評価して、その他の日本式建築と同様に観光や教育のために活用されている側面があることを明らかにした。しかし、多文化主義の枠組みの中で日本統治時代の神社が再利用されているという分析にとどまっており、神社が「復興」された具体的な理由を明らかにするには至っておらず、さらに、武知は政府機関が神社の復元に対する許可を出している事実を認知しているものの、許可にいたる具体的な経緯の調査を行っていない。(9)

また、「現在台湾で進行している神社の「復元」を「行政主導」と理解することには無理がある」という武知の言及は、台湾の行政府が日本の植民地支配や太平洋戦争を肯定的であるという歴史認識に基づき、日本時代を象徴するものとして神社の再建に取り組んでいるという松島泰勝（二〇一六）の主張(10)に対する評価である。このように日本統治時代に対する評価という観点から切り離し、台湾現地における政治的文脈の観点から、再建計画をめぐる政治過程を解き明かしていくという視点はしばしば見落とされがちである。

一方、西村一之（二〇二二）は神社が再利用に至るまでの経緯だけでなく、再利用後の経過についても議論を進めようと試みている。(11)西村は、二〇〇六年に台東県成功鎮で戦前の都歴《とり》祠の跡地にある台座の上に、小さな神社様の建築物が置かれ、公園として整備された事例に注目した。その公園は「都歴神社」と命名され、植民地経験の記憶の場や観光や地域経済の活性化のための場として新たな意味を付与されたのだという。しかし地域振興組織のメンバー構成や多様な価値観が及ぼす力のバランスの変化に伴って積極的に利用される時もあれば、放置される時期もあるのだという。以上のように、神社の再建と再利用に係る研究成果の蓄積は進んでいるものの、いずれの事例も再建に至ったケースであり、再建に至らなかったケースについては論じられていない。日本統治時代の神社に対しては、様々な眼差しが向けられており、神社の再建の可否を決定できるキーパーソンの存在やその価値観、地域社会におけるいわば自治会レベルの政治的パワーバランスなどによって、神社が再建されなかった事例もある。黄心宜（二〇一九）が「台湾における神社の保存は今も容易ではない」と評しているように、(12)賛否両論を伴う日本統治時代の神社の再建について、神社に対する多様な眼差しや、台湾の人々の植民地時代に対する歴史認識、現在の日本に対する複雑な価値観を明らかにするためにも、神社が再建されなかった事例についても見落とすことなく、丁寧に論じる必要があると考える。

2　調査の概要

以上を踏まえ、本章から第四章においては、かつての糖業移民村・龍田村における日本統治時代の神社である鹿野村社の再建をめぐる政治過程について、様々な角度から論じていくこととする。

筆者の調査方法について、簡単に確認しておきたい。鹿野村社が再建されたという事象を「再建」「復元」「復興」などのどのような言葉で表現するのかについては、議論の対象になっている事柄であろう。本書では中島三千男（二〇一九）が鹿野村社の事例を「再建」として分類していることを踏まえて、再建という言葉を使用していくこととする。(13)中島は「再建」をさらに細かく分類しようという試みも行っているが、本書ではそこは議論しない。

筆者は、まず、龍田村におけるフィールドワークを行い、再建された鹿野村社の状態を確かめるとともに、地元住民に対する聞き取り調査を行っていった。その上で、地元住民から得た情報を基に、聞き取り調査の範囲を民間組織や地方政府や中央政府といった行政機関に広げていった。聞き取り調査の対象には故人も含まれており、聞き取り調査の内容自体も、歴史的資料として価値の高いものであるといえよう。すべての聞き取り調査は筆者自身が中国語（台湾華語、台湾では国語とも呼ばれる）を用いて行ったが、一部台湾語や日本語で回答を受ける場面もあった。そして、これらの聞き取り調査の際には、彼らから関連資料の提供を受けることもあったものの、聞き取り調査の内容の正確性や資料の整合性を確認したり、より詳細な情報を拡充したりするために行政文書（檔案）を収集した。それぞれの行政機関および地方議会に対して、各機関が定めるルールに則って書面で行政文書の利用申請手続きを行った上で、それらの閲覧を行ったり複製を入手したりした。最終的には、聞き取り調査で得た情報と行政文書から判明した内容の照合に加えて、新聞などの報道の内容も確認しながら、できる限り、筆者独自に入手した情報については複数のリソースから確認を取ることに努めた上で、本書において整理を行っている。

本章において、注目すべきポイントの一つ目は、地方政府である鹿野郷公所において二〇〇〇年代前半に持ち上がった鹿野村社再建計画について、「誰が何を目的に計画を主導していたのか」、そして、「誰がどのような理由で計画に反対していたのか」という点である。地方政府側の鹿野郷公所と中央政府側の交通部観光局の鹿野村社再建に対するスタンスの違いに注目していきたい。そして、二つ目のポイントが、最終的に鹿野村社の再建を決定できる権力を誰が有していたのかという点である。本章でこの後詳細に論じていくのだが、鹿野村社の再建については、鹿野郷公所だけでなく、二〇一〇年頃には鹿野郷で地域おこしを担うＮＰＯ法人に位置付けられている仙人掌郷土工作室(14)も鹿野村社の再建を検討していたものの、実現させることはできなかったのである。その上で、「鹿野村社の土地所有権は誰が有していたのか」、そして、「鹿野村社の再建費用を出すのは誰か」といった観点に注目していくと、地方政府や民間組織が鹿野村社の再建に苦戦した理由が見えてくるのではないだろうか。

3　鹿野村社の歴史

二〇〇〇年代前半の鹿野村社の再建計画を論じるにあたり、まずは日本統治時代に建立されて以降、戦後になって再建計画が持ち上がるまでの鹿野村社の歴史について確認しておくこととしよう。

鹿野村社は、一九二一年六月一五日、[15] 鹿野村の護神として、[16] 台東製糖の出資と駆り出された日本人移民たちの労力によって建立されたものである。鹿野村社について議論を進める前に断っておくと、本書における神社は、神道の宗教施設としての広義の神社を意味しており、日本統治時代に台湾総督府が府令によって定めていた狭義の神社を意味していない。[17] 青井哲人（二〇〇五）によると、日本統治下の台湾において狭義の神社は、官社以下、府県社と郷社に列格された。[18] 日本内地のように郷社の下位に位置する「村社」が台湾で列格された事例はなかった。したがって、鹿野村社という名前を有するものの、鹿野村社は明治以後の近代社格制度における「村社」には分類されない。その点、鹿野村社は、台湾総督府の意志に沿って建てられた「神社」ではなく、民間人の信仰願望に沿って建てられた「社」に分類されるものである。

鹿野村社は、当初鹿野村北部の山の麓に建立され、現在の場所である村の中心部に移設されたのは一九三一年一一月一三日のことであった。ちなみに、移設後の鳥居については、台東開拓が直営する医務室で治療に当たっていた神田全次医師の出資によって建てられたものである。神田全次自身は敬虔なキリスト教徒で[19]、自ら神社を参拝することは決してなかったが、日本人移民の信仰は尊重していたのだという[20]。鹿野村社に祀られていたのは、領土開拓の神である開拓三神《かいたくさんじん》（大国魂命《おおくにたまのかみ》、少彦名命《すくなひこなのみこと》、大己貴命《おおなむちのみこと》）と、前述のとおり近衛師団長として台湾平定のため日本から派遣され、台南でマラリアに罹り薨去した北白川宮能久親王《きたしらかわのみやよしひさ》である。北白川宮能久親王は、台湾平定の立役者として神格化され、日本統治時代の台湾においては信仰対象とされていた。この開拓三神と北白川宮能久親王という祭祀神は、台湾の総鎮守として一九〇一年に完工した台湾神社と同じ祭祀神であり、鹿野村社以外の神社の多くでもこの祭祀神パターンが採られていた。鹿野村社の神官については、台東神社の神官が兼任していたが、普段は鹿野村村民会会長の田久保健二がその代理を務めていたのだという。建立当初、前述のとおり、鹿野村社は日本人移民が信仰のために自主的に設置したものであるとして、社に位置付けられていた[21]。

その後、一九三四年、台湾総督府は、台湾人の日本の人々への同化を強化する皇民化政策の一環として、各地域における神社の役割を強化すべく「一街庄一社」の原則を示した。街庄とは、一九二〇年一〇月に台湾総督府が導入した街庄制下において、末端の行政機関として位置付けられていた街と庄のことである[22]。台東庁においては台湾西部よりも行政組織改革が遅れていたため、台東庁における行政組織制度を個別に確認しておく必要がある。台東庁下に街庄制が導入されるまでの行政組織構成は、上から順番に「庁―支庁―区」となっており、村は区の下部に位置していた。一九〇五年に成立していた鹿寮区は、一九二〇年に鹿野区へと名前が改

戦前の鹿野村社（『東臺灣展望』毛利之俊、1933より、國立臺灣大學圖書館所蔵）

められた。一九三七年、台東庁にも街庄制が導入されると、鹿野区は鹿野庄に名前が改められ、行政組織構成は「庁—郡—街、庄」となったのである。(23)

「一街庄一社」の原則が示されると、鹿野村社は街庄神社としての性格を有していき、鹿野村だけでなく、鹿野村が属する鹿野庄全体においても重要な役割を担う神社へと変化していった。普段は日本人移民らによって自由に参拝されており、日本人移民による鹿野村社における宗教活動の中では、お盆が最も盛大に執り行われたようである。(24)紀元日や祈念祭、天長節、台湾神社鎮座日といった各祭典日においては、日本人移民や鹿野庄役場、派出所、会社事務所、小学校、公学校(25)など地域の公私機関の人々に加えて、原住民族集落の青年会や婦女会の構成員もみな参加を義務付けられた。その一方で、漢人に対して参拝が強制されることはなかったようであり、日本統治時代に鹿野村に住んでいた漢人によると、神宮大麻《じんぐうおおぬさ》（お神札《ふだ》）を祀ることは強制させられたものの、決して鹿野村社を参拝することはなかったのだという。(26) しかし、神社の環境維持活動への参加は必須とされ、参加しない場合は警察から処罰を受けることになっていた。(27)

台座部分の上に設置された涼亭（『鹿野郷志』夏黎明、2007より）

　戦後、国民党の統治に移行し日本人移民たちが鹿野村を離れていくと、旧日本人居住区の周縁に位置し、日本統治時代は漢人が居住していた五十戸地区の土地公が鹿野村社に祀られることとなった。(28) 土地公は別名「福徳正神」とも呼ばれ、元々は五穀豊穣を司る農業の神とされていた。そして、豊穣を司ることから商売繁盛を招く存在としてもみなされるようになり、現在では台湾で最も多く祀られている神々の一つである。(29)

　しかし、まもなく鹿野村社の土地所有権が鹿野郷公所(30)に帰属することになると、(31) 土地公は五十戸地区内の元あった場所に戻された。(32) その後、地元住民の手によって鹿野村社は壊され、台座部分のみが残ることになった。その際、社殿に使用されていた青銅の瓦などは建材として売りに出されたようである。(33) 一九五八年になると、二次移民たちが、彼らの信仰対象となっていた道教的な神々である瑤池金母と媽祖などを祀る崑慈堂を、鹿野村社跡地に隣接する場所に建てた。一方、鹿野村社の台座部分には鹿野郷公所によって中国式の涼亭（東屋）が一九八〇年以降に建てられ、(34)そこで祭祀活動が行われることはなくなったのだという。以上が再建活動が行われる前までの鹿野村社の歴史である。

4　戦後最初の鹿野村社再建計画

ここからは、筆者が確認できる限り、戦後最初の鹿野村社再建計画について論じていくこととする。仙人掌郷土工作室の責任者を務める廖中勳《リアオジョンシュン》によると、残存する台座部分の上に涼亭が建てられてからしばらくの月日が流れた二〇〇〇年頃、鹿野村社の再建を目指す動きが起こった。まず、鹿野郷公所は岐阜県古川町（現在の岐阜県飛騨市古川町）から木匠《こだくみ》を招いて鹿野村社の保存状態の調査を依頼したのだという。(35)鹿野郷公所職員の洪飛騰《ホンフェイトン》に確認したところ、鹿野郷公所にそのような調査を行ったとの記録は残っていないとのことで、その真偽は必ずしも定かではない。(36)とはいえ、当時、古川町の歴史建築を活かした町づくりが台湾で注目されていたことは事実である。(37)実際、同じく台東県内に位置する台東市においても、一九九九年から二〇〇三年にかけて実施された、日本統治時代の台東市市長公館および台東市長官宿舎建築群の修復工事において、古川町から招かれた木匠が工事の監修を実施したとの記録(38)が残っている。したがって、廖中勳の発言のとおり、二〇〇〇年頃に鹿野村社の調査は実際に行われたのではないかと筆者は考えている。

そして、鹿野村社再建計画の検討状況が行政文書上の記録として確認できた中で最も古いものは、無所属の張芳連が鹿野郷長を務めていた二〇〇三年五月の記録である。行政文書によると、鹿野郷公所は、民進党・陳水扁政権下において行政院が実施していた経済振興を目的に公共投資を拡大する「拡大公共建設方案」を活用して、鹿野村社の再建を目指していたことが明らかとなった。同年五月二二日、鹿野郷公所は、行政院から補助を受けて、「龍田神社および周辺景観工程等計画工程」に加え、「鹿野郷観光地区および街道案内標識工程」および「鹿野花園工程」を合わせた三つの建設工事を実現すべく、それらの予算の先行支出[39]などを地方議会である鹿野郷民代表会に認めてもらうため、第十七期鹿野郷民代表会第二回定例大会審議にかけるよう、鹿野郷民代表会に依頼したのである[40]。というのも、二〇〇三年七月末までに予算処理を完成させるか、地方民意代表機関である郷民代表会の同意を得て先行支出方式にて処理する必要があったためである[41]。台湾の地方政府においては、例えば中央政府から補助を受ける場合や災害等の緊急事態といった通常予算外での支出が必要な場合、「墊付」と呼ばれる地方政府先行による立替払いが認められており、その場合は事後的に予算が補正されることになっている。

いずれにせよ、この段階においては鹿野村社の具体的な整備計画が鹿野郷公所の中で練られ、地元議会で予算案を審議するにまで至っていたことを考えると、二〇〇三年五月以前に鹿野村社再建の議論が行われていたことになる。ここで龍田神社と呼称されている神社こそが鹿野村社であり、龍田神社と呼ばれるようになった経緯については更なる検討の余地があるものの、洪飛騰は「かつては鹿野村にある神社であるために鹿野神社（村社）と呼ばれていたが、現在は村の名前が戦前とは変わって龍田村になったことにより、龍田神社と呼ばれるようになったのではないか。」と語っている。(42)

また、「龍田神社および周辺景観工程等計画工程」の具体的な計画内容の詳細については、確認できた行政文書や聞き取り調査の範囲内では必ずしも明らかではないが、鹿野郷公所は行政文書上(43)で、二〇〇三年度の「拡大公共施設方案」として「龍田神社再造工程」を計画していたと明記していること、「神社施工位置」とはっきりと記された竣工図(44)が残されていることを踏まえると、鹿野村社本体の再建も計画内容に含まれていたとみるのが妥当であろう。そして、建設計画において、工期は二〇〇三年六月一日から一二月三一日の半年間に設定され、三つの工程を合わせて総額七五〇万元（新台湾ドルともいう。参考までに1元＝3.5日本円で計算すると、約二、六〇〇万円。以下同じレートで計算する）が計上されていた。そして、六月三日には鹿野郷民代表会で三つの工程に対する先行支出などを認める決議がなされたのである。(45)

こうして、鹿野神社の再建計画は進行するかに思われたが、そうはならなかった。各郷など（郷、鎮および市レベルの地方政府）から提出された計画に対する補助については、中央政府の各所管機関が、立法院（国会に相当）の審議を通過した「整備観光レクリエーション基礎サービス施設建設計画」といった計画項目ごとに定められた台湾全体での予算の限度の範囲内で、計画の合理性や需要を考慮した上で個別の計画に対して承認を行う必要があるとされ、「拡大公共建設方案」の基本方針に著しく反する場合を除いて、できる限り地方政府の要求を尊重することとされていた。鹿野郷の計画も例外なく審査の対象となっており、二〇〇三年一一月二八日、交通部観光局は三つの工程に対する審査を行い、その結果は同年一二月三日に鹿野郷公所に伝えられた。「鹿野郷観光地区および街道案内標識工程」に対する意見として、標識を主要道路の沿道に設置するように求められたが、「鹿野花園工程」については、原案どおり承認された。一方、「龍田神社および周辺景観工程等計画工程」は、代替案を検討することが求められ、具体的には「龍田神社および周辺景観等計画工程」の原案に対して計上されていた経費は環境緑美化事業に充てるようにという指示がなされた。[46]

審査の際、当時の蘇成田《スーチョンティエン》観光局長が「急いで（工程を）実行すると、元の姿が失われたり、元の姿と食い違ったりする恐れがある」と懸念を示したため、鹿野村社再建工程案は白紙に戻されたのである。[47]なお、観光局の審査の意見に沿わなかった場合は、経費の補助が見送られることも伝えられたほか、同年一二月一六日には、台東県政府から鹿野郷公所に対して、速やかに観光局の審査結果に従って計画を実行するよう求める旨の行政文書[48]が発出された。このタイミングで示された蘇成田の懸念が当時の陳水扁政権の意向をどの程度反映したものであったのかは定かではない。しかし、蘇成田は本来中立であるべきとされている公務員でありながらも、陳水扁の政策に対する支持を表明したり、陳水扁の再選を希望するような趣旨の発言をしたりするなど、陳水扁に近い存在であったことがうかがえる。[49]

以上のとおり、「拡大公共建設方案」において、鹿野村社の再建が行われることはなくなり、「鹿野郷観光地区および街道案内標識工程」と「鹿野花園工程」に加えて、工程名は変更されず内容のみ環境緑美化工程に変更された「龍田神社および周辺景観等計画工程」は、二〇〇四年三月一〇日の完工を目指して実施されることとなった。しかし、同年三月三日、三つの工程を担当する事業会社から鹿野郷公所に対して、二月末までに工事を完成させることができず、工期を延長してほしいとの申し出がなされたのである。工程や工区が複雑で、なおかつ執行項目が非常に多いことに加えて、施工後に用地問題が表面化したり、地元住民などから異議が唱えたりしたことにより、計画の変更を余儀なくされたことがその理由とされている。「拡大公共建設方案」の規定上、二〇〇四年三月三一日までに完工させる必要があったため、鹿野郷公所は予算の限度内で設計の変更などを検討した後、三月一七日、事業会社に対して、三月三〇日まで工期の延長を認めることを通知した。その結果、何とか期日までに完工を迎えたとの記録が残されているが、当初の計画と比較して、実際に事業がどの程度まで実行されたのかについては定かではない。(50) しかし、二〇〇七年に発行された鹿野郷の郷土誌である『鹿野郷志』に掲載された「鹿野郷の重要公共事業一覧表」において、街道案内標識設置事業として「鹿野郷観光地区および街道案内標識工程」と「龍田神社および周辺景観工程等計画工程」がリストアップされている。したがって、「龍田神社および周辺景観工程等計画工程」の工程内容については言及していないことから、「龍田神社および周辺景観工程等計画工程」については当初の目的をほとんど達成できなかったのではないだろうか。

以上のとおり、「拡大公共建設方案」において鹿野村社再建計画は実行されなかったが、「鹿野村社再造計画」は引き続き検討されることとなった。というのも、蘇成田観光局長は、前述のとおり二〇〇三年一一月二八日に鹿野村社の再建に対して懸念を示した際に、あわせて中原大学（桃園市の私立大学）で教職に就いていた堀込憲二に現地での共同調査を依頼することを求め、その調査を鹿野郷公所に委託していたのである。堀込憲二は、鹿野村社の現場調査の前に、少なくとも二〇〇〇年一〇月、二〇〇二年六月および同年一二月に新竹市政府に招かれて、当時から保存および修復に向けた検討がなされていた新竹神社の現場調査にも参加しており、日本統治時代の神社の現地調査を行った実績を有する人物であった[51]。

二〇〇四年六月二五日、鹿野村社の現地調査は、張芳連鹿野郷長自らが進行役を務める形で、鹿野郷公所によって執り行われた。調査には堀込憲二に加えて、日本統治時代は鹿野村に居住し、戦後は日本で生活していた日本人移民二名も招かれた。調査によると、日本統治時代の鹿野村社は、社殿だけでなく、参道や灯籠、鳥居、手水舎等の神社の附属施設のほか、相撲場やその他の儀式を行うための広場も備えていたものの、現在は本殿の台座のほかは参道や樹木などが残存しているのみであったのだという。そして、「鹿野村社とかつての移民村を含めた龍田村の景観は文化資産としての価値を有する」と評された。そして、龍田村には鹿野村社だけでなく、鹿野尋常高等小学校校長先生宿舎や鹿野区役場といった神社以外の戦前の歴史的建築物も残存していることから、それらの建築物と合わせて一体的な計画を立てることが急務であり、そのことが将来的な鹿野村社の再建に繋がると指摘された。また、計画を発展させる上での課題として、鹿野神社境内には、老人会館や地元の活動センター、廟、舞台、牌楼（門）、子ども用の遊具などの既存の建築物があり、それらの施設を含めて一体的な計画を立てる必要があることが指摘された。加えて鹿野村社の関連資料が少なく、神社も戦後すぐに破壊されていることから、資料収集にすぐに着手しなければならないこと、さらに、さらなる詳細な現地調査および資料収集や聞き取り調査を行った上で、はじめて計画および設計に着手することができるとの考えとともに、調査後の意見交換の結果を踏まえ、鹿野村社の復原に係る基本設計の作成と再利用計画の策定のため、およそ一五〇万元（約五二五万円）が必要であるとの結論が示された。

つまり、堀込憲二を中心とする現地調査においては、鹿野村社の再建だけを単体で行うのではなく、龍田村内の他の歴史的建築物や地域社会におけるコミュニティ活動の中心となっている施設を含めて、包括的な整備を行っていく必要があるという結果が示されたといえよう。(52) この調査結果を受けて、二〇〇四年八月二日、鹿野郷公所は観光局に対して、共同調査を行った堀込憲二が鹿野村社の再建案に大いに賛成しているとともに、再建案が順調に進められることを強く願っていることから、「龍田神社再造計画」に係る調査計画費として補助金一五〇万元の支給可否の審査を依頼したとの記録が残っている。(53) しかし、筆者が確認できる範囲では、その後どのように手続きが進んでいったのかを明らかにすることはできなかった。

以上が二〇〇〇年代前半における鹿野村社再建運動の顛末となる。地方政府である鹿野郷公所において計画が練られ、地方議会である鹿野郷民代表会で予算面での承認を得ていた日本統治時代の神社の再建計画は、最終的には、中央政府である交通部観光局の判断によって、計画の再検討が求められることとなったのであった。かくして二〇〇〇年代の鹿野村社の再建計画は実現しなかったのである。

5　民間組織による龍田文物館の設置

二〇〇〇年代前半における地方政府主導による鹿野村社再建計画が頓挫した後、鹿野村社に注目したのは、先例の証言を提供してくれた廖中勳《リアオジョンシュン》が責任者を務め、龍田村に隣接する永安村に事務所を構える仙人掌郷土工作室であった。仙人掌郷土工作室は鹿野郷で最初に設立された地方文史工作室である。石田憲司（二〇〇二）によると、地方文史工作室とは、郷土の歴史を整理し、あるいは郷土の伝統文化を掘り起こそうとする組織で[54]、廖中勳は永安社区発展協会でも中心人物として活動している。

ここで台湾における社区について説明を加えておくと社区とは地域社会での町づくりを行う単位である。その範囲は、台湾における末端の行政区域である「村」や「里」とほとんど一致し、規模は日本の小学校区に相当する。本書に登場する龍田村や永安村では、社区と村の範囲は一致しているが、中には二つの村で一つの社区を形成しているケースもある。またそれぞれの社区には、一九八〇年代に政府の行政命令によって設置が進んだ社区発展協会と呼ばれる住民の任意団体が設置されており、政策を実施する末端機関や補助申請の受け皿となっている[55]。

積極的に鹿野郷において地域活動に参画している廖中勳は、仙人掌郷土工作室名義だけでなく永安社区発展協会名義でも、行政機関が開催した様々なコンテストにおける受賞歴を持っている[56]。仙人掌郷土工作室は二〇〇九年に行政院文化建設委員会（現在の文化部）から補助金を獲得したことを契機に、彼らが掲げる「鹿野文化生活圏」計画に基づいて、鹿野郷のそれぞれの社区の文化や歴史を生かしたマーケティング方法を考えながら各社区の発展を目指してきた。

廖中勳は日本人移民村としての歴史を持つ龍田村は鹿野郷内の数ある社区の中でも特に社区発展における好条件を有していると考えていた。そのため龍田社区の更なる発展に向けて廖中勳が注目したのが鹿野村社である。しかし、鹿野村社を再建する資金がなく、龍田村の住民自身が鹿野村社跡地に興味を示していなかったことから、いきなり鹿野村社を再建することは難しいと考えていたのだという。そこで、鹿野村社跡地に隣接する崑慈堂《クンツータン》（詳細は第三章）の一室を改修して「一度訪れるだけで龍田村の文物や特色が深く理解できてしまう場所」を作ることにしたのである。最終的にその施設は「龍田文物館」と名付けられ、龍田村の住民や崑慈堂、鹿野郷公所などから提供を受けた文物や歴史的資料を常設展示する施設として二〇一一年一二月六日にオープンすることとなった[57]。鹿野村社の再建は難しいと判断した中で、「せめてこれだけは作りたい」という廖中勳の思

龍田文物館の鳥居型オブジェ
（筆者撮影、2023年1月8日）

いから、龍田文物館の入口には鳥居型のオブジェが設置された(58)。実績のあるコーディネーターが率いる民間組織も鹿野村社の再建に着手することはできなかったのであった。

二〇〇〇年代前半の鹿野村社再建計画においては、地方政府である鹿野郷公所による鹿野村社の再建事業について、中央政府側の蘇成田観光局長が、充分な検討を経ずに鹿野村社の再建工事を行うことで神社の元の姿が失われることに懸念を示し、現場調査を求め、結果、文化資産の保存の観点から鹿野村社再建計画が白紙に戻されたことが明らかとなった。経済振興を目的に公共投資を拡大する中央政府の政策にあわせて鹿野村社の再建を目論んでいた地方政府と、文化資産の保存の観点から鹿野村社の再建計画に対する懸念を示した中央政府の立場の違いが鮮明となったといえよう。鹿野村社の再建をめぐる観光局の対応については、民進党・陳水扁政権の意向がどこまで反映されていたのか確かめる術がないものの、同じ行政機関であっても、中央政府側と地方政府側で、日本統治時代の神社に対する眼差しが異なっていたことをはっきりと示すことができたのではないだろうか。

また、民間組織である仙人掌郷土工作室が、二〇一一年に龍田文物館をオープンさせた際にも、構想レベルにすぎないが、鹿野村社の再建が検討されていた事実が明らかとなった。しかし、予算と権限を持ち合わせた行政機関ではないことに加えて、龍田村ではなく隣村の永安村を活動拠点としている仙人掌郷土工作室が鹿野村社の再建に着手することはできなかった。土地所有権を持たない民間組織の仙人掌郷土工作室が鹿野村社の再建事業に着手することは非常に困難だったのである。

1　林會承『臺灣文化資產保存史綱』（遠流、臺北、二〇一一年四月、六七～七〇頁）
2　蔡錦堂「台湾の忠烈祠と日本の護国神社・靖国神社との比較」（台湾研究部会 編『台湾の近代と日本』中京大学社会科学研究所、二〇〇三年三月、三三五～三五七頁）
3　蔡錦堂『褒揚及忠烈祠祭典制度之研究』（内政部、臺北、二〇〇八年四月、三四頁）
4　前掲 林會承（二〇一一年四月、六七～七〇頁）
5　菅野敦志『台湾の国家と文化「脱日本化」・「中国化」・「本土化」』（勁草書房、二〇一一年一一月、三四六～三五一頁）
6　前掲 林會承（二〇一一年四月、一一三頁）
7　忠烈祠として再利用されるだけでなく、公園や寺院、教会といった宗教施設として「改変」されて再利用される場合や単に「放置」されて荒地となる場合などもあるのだという。中島三千男『海外神社跡地の景観変容　さまざまな現在』（御茶の水書房、二〇一三年三月）
8　林承緯『台灣民俗學的建構』（玉山社、臺北、二〇一八年四月）
9　武知正晃「台湾における日本時代の建築物を見る眼差し　―近年なぜ神社の「復興」が目立つのか―」（『非文字資料研究』第一三号、神奈川大学日本常民文化研究所付置非文字資料研究センター、二〇一六年九月）
10　松島泰勝「台湾の再皇民化の現場を歩く 上」（『琉球新報』二〇一六年九月二九日、二五面）
11　西村一之「台湾東部における神のいない「神社」」（上水流久彦 編『大日本帝国期の建築物が語る近代史　過去・現在・未来』勉誠出版、二〇二二年二月、一六八～一八〇頁）
12　黄心宜「台湾における神社の位置づけについて ―苗栗県通霄神社を事例として―」（関西大学大学院東アジア文化研究科 編『文

化交渉 東アジア文化研究科院生論集』第九号、関西大学大学院東アジア文化研究科、二〇一九年一一月、二〇三～二二四頁）
13 中島三千男「海外神社およびその跡地について」（稲宮康人、中島三千男『「神国」の残影―海外神社跡地写真記録』国書刊行会、二〇一九年一一月、九四～一三六頁）
14 行政院農業委員会水土保持局台東分局職員談（二〇一八年一一月一六日、行政院農業委員会水土保持局台東分局にて）
15 夏黎明（二〇〇七）、趙川明（二〇〇四）は一九二三年七月一〇日を鎮座日としているが、本書では臺灣總督府文教局社會課（一九四〇）および蔡錦堂（一九九四）を根拠に一九二一年六月一五日を鎮座日とする。蔡錦堂『台湾における日本帝国主義下台湾の宗教政策』（同成社、一九九四年四月、一四五頁）／臺灣總督府文教局社會課 編『臺灣に於ける神社及宗教 昭和十四年度』（臺灣總督府文教局社會課、一九四〇年一月、二四頁）／夏黎明 總編纂『鹿野郷志』（上・下）（臺東縣鹿野郷公所、臺東、二〇〇七年八月、一〇五〇頁）／趙川明「龍田村史」（李美貞 編『龍田郷土文化生態解説手冊』龍田蝴蝶保育推廣協會、臺東、二〇〇四年一一月、七頁）
16 毛利之俊 原著 陳阿昭 主編 葉冰婷 翻訳『東臺灣展望』（原民文化、臺北、二〇〇三年五月、一一六頁）
17 前掲 臺灣總督府文教局社會課（一九四〇年一月）
18 青井哲人『植民地神社と帝国日本』（吉川弘文館、二〇〇五年一月）
19 草野美智子『戦前の日本語小説に表れた台湾の「日本人移民村」の文学的研究』（文部科学省科学研究費補助金研究成果報告書、二〇〇七年三月、六五頁）
20 林韻梅「神田全次」（『臺東縣史 人物篇』臺東縣政府、臺東、二〇〇一年一一月、二一八～二二〇頁）
21 蔡錦堂『台湾における日本帝国主義下台湾の宗教政策』（同成社、一九九四年四月、一四四～一四九頁）
22 吳文星『日治時期臺灣的社會領導階層』（五南、臺北、二〇〇八年五月、一八七頁）
23 林玉茹『殖民地的邊區：東台灣的政治經濟發展』（曹永和文教基金會、遠流、臺北、二〇〇七年一一月）／前掲 趙川明（二〇〇四年一一月、一六頁）
24 前掲 夏黎明（二〇〇七年八月、一〇五一頁）
25 小学校が日本人児童を対象とした教育を行っていた一方で、公学校は、台湾人児童を対象に、日本語教育を主として行っていた。呉宏明『日本統治下台湾の教育認識―書房・公学校を中心に』（春風社、二〇一六年三月）

26　前掲 趙川明（二〇〇四年一一月、一六頁）
27　前掲 夏黎明（二〇〇七年八月）
28　趙川明、姜國彰、林志興『台東社區文化之旅』（行政院文化建設委員會、二〇〇一年一二月、臺北、一三頁）
29　五十嵐真子『現代台湾宗教の諸相 —台湾漢族に関する文化人類学的研究—』（人文書院、二〇〇六年二月）
30　一九四六年に成立した鹿野郷の役所である。臺東縣鹿野郷公所「本郷簡介」（<https://www.lyee.gov.tw/about-lyee.html> 閲覧 2018/12/17）
31　前掲 趙川明、姜國彰、林志興（二〇〇一年一二月）
32　臺東縣後山文化工作協會 編『臺東縣寺廟專輯』（臺東縣立文化中心、臺東、一九九六年五月、九五頁）
33　「保留基壇 鹿野神社原貌復建」（『自由時報』<https://news.ltn.com.tw/news/local/paper/782502> 2014/5/27 閲覧 2022/12/17）
34　廖中勳談（二〇一八年一〇月一九日、玉米的窩民宿にて）
35　廖中勳談（二〇一八年一〇月一九日、一一月一六日、玉米的窩民宿にて）
36　洪飛騰談（二〇一九年九月六日、鹿野郷公所にて）
37　公共電視資訊部「城市的遠見」（<http://web.pts.org.tw/~web02/city/index.php> 閲覧 2020/1/29）
38　顧超光 計畫主持『臺東市市長公館及臺東市長官宿舍建築群調查研究及修復計畫結案報告』上冊（臺東市寶町藝文中心所蔵、二〇一三年九月六日）
39　臺中市政府主計處「各級地方政府墊付款處理要點 中華民國96年2月8日行政院 院授主忠六字第 0960000862 號函修正」（<https://www.dbas.taichung.gov.tw/media/154172/51151084951.pdf> 閲覧 2022/6/28）
40　臺東縣鹿野郷民代表會檔案 檔號：0092/302/1/1/104
41　臺北市政府法務局「「擴大公共建設方案」執行注意事項 中華民國92年7月24日行政院經濟建設委員會都字第 0920003769 號函訂定發布全文八點」（< https://www.laws.taipei.gov.tw/Law/LawSearch/LawInformation?lawId=A040180001000300-20030724&realID=行政 18-00-003# > 閲覧 2022/6/28）
42　洪飛騰談（二〇一八年一一月一五日、臺東縣鹿野數位機會中心にて）

43　臺東縣鹿野郷公所檔案 檔號：鹿郷建字第7318號

44　臺東縣鹿野郷公所檔案「鹿野郷觀光地區及街道標示牌工程、鹿野花園工程、龍田神社及周邊景觀工程（竣工圖）」

45　臺東縣鹿野郷民代表會檔案 檔號：0092/302/1/1/118、0092/302/1/1/179

46　臺東縣鹿野郷公所檔案 發文字號：觀技字第0920039518號

47　臺東縣鹿野郷公所檔案 檔號：鹿郷建字第7318號

48　臺東縣政府檔案 發文字號：府旅管字第0920110049號

49　「觀光局長站台挺扁 事務官首例」（『聯合報』二〇〇四年一月八日、A11版）／「中立請勿越界」（『聯合報』二〇〇四年一月一二日、A15版）

50　臺東縣鹿野郷公所檔案 發文字號：九三雄鼎營字第〇一七號、九三雄鼎營字第〇一八號、九三雄鼎營字第〇二八號（本文に加えて、行政文書の原本に記載されている手書きのメモを参照）／臺東縣鹿野郷公所檔案 檔號：093001007、093001036

51　黄俊銘計畫主持、堀込憲二協同主持『市定古蹟新竹神社調査研究暨修復計劃』（新竹市政府、新竹、二〇〇三年三月）

52　臺東縣鹿野郷公所檔案「台東縣鹿野郷龍田村「龍田神社再造計畫」會勘紀錄」

53　臺東縣鹿野郷公所檔案 檔號：093003092

54　石田憲司「台湾南部農村の寺廟と地方文史工作室」（武蔵野短期大学 編『武蔵野短期大学研究紀要』第一六輯、武蔵野短期大学、二〇〇二年六月、三五～四二頁）

55　唐燕霞「台湾の「社区営造」と住民自治 ―中国の「社区自治」へのインプリケーション」（島根県立大学総合政策学会 編『総合政策論叢』第三一号、島根県立大学総合政策学会、二〇一六年三月、五七～七〇頁）／星純子『現代台湾コミュニティ運動の地域社会学　高雄県美濃鎮における社会運動、民主化、社区総体営造』（御茶の水書房、二〇一三年一月、二三頁）／盧思岳主編『社區營造研習教材―心訣要義篇』（内政部、臺北、二〇〇六年二月）

56　文化部「仙人掌郷土工作室」（<https://cloud.culture.tw/frontsite/inquiry/emapInquiryAction.do?method=showEmapDetail&indexId=32723> 閲覧 2020/1/28）／臺東縣鹿野郷永安社區「得獎紀錄」（<http://sixstar.moc.gov.tw/blog/luye001/communityAwardNoteListAction.do?method=doFindAll&type=2> 閲覧 2020/1/29）／臺東縣政府「「輕旅感動心縱谷」遊程競賽

活動結果掲曉」(<http://www.taitung.gov.tw/report/News_Content.aspx?n=E4FA0485B2A5071E&sms=E13057BB37942D3F&s=1A844AB9B213A149>　2012/10/10　閲覧 2020/1/29)

57 「龍田文物館開幕　一窺歴史點滴」(『自由時報』二〇一一年一二月六日、Ｂ２版)

58 前掲　廖中勳談(二〇一八年一〇月一九日)

第3章　中央政府による日本統治時代の神社再建計画

1　二〇〇〇年代の鹿野村社再建計画のその後

二〇〇〇年以降、地方政府である鹿野郷公所、そして地方文史工作室である仙人掌郷土工作室が鹿野村社の再建を計画しながらも、実行することができなかったが、二〇一一年から今度は中央政府側の人物である陳《チェン》崇賢《チョンシエン》が鹿野村社の再建を目指すこととなる。陳崇賢は、交通部観光局の地方機関である花東縦谷国家風景区管理処(1)（以下「縦管処《ゾングアンチュー》」）の第五代処長である。縦管処は管轄地域内の建設事業の計画および実施やそれらの経営管理を行う政府機関で、管轄地域は行政院が一九九六年に定めた花東縦谷国家風景区内であり、その地域は花蓮県および鹿野郷を含む台東県の十五の郷・鎮にまたがっている。

本章では、そのような中央政府側の機関のトップである陳崇賢が、鹿野郷公所や地元住民とネットワークを形成しながら、鹿野村社再建計画を推し進めていく過程、鹿野村社の再建計画が軌道に乗り、陳崇賢が退職するまでの段階について論じていくこととする。

注意しておきたいのは、龍田村の地元住民は三つのコミュニティに分かれているという点である。地元住民それぞれのコミュニティの来歴を簡単に紹介した上で、それぞれの鹿野村社の再建に対するスタンスを確認しておきたい。

2　龍田村の住民コミュニティと鹿野村社再建に対するスタンス

(1) 日本統治時代の知識人の子孫　―日本統治時代の歴史との連続性―

これまでに確認してきたとおり、長らく「空白の場所」であったこの地において、本格的に開墾が行われて外来の人々が定住するようになったのは、日本統治時代になってからである。そして、日本統治時代に台湾総督府によって鹿野村と命名され、台東製糖がサトウキビの生産のために日本人移民を募集して開墾に当たらせていた日本人居住区が今日の龍田村中心地である。その名のとおり、日本人居住区に基本的に台湾人の居住は認められていなかったのが、公務員や製糖会社の社員として勤務する一部の漢人たちは、日本人居住区に住むことを許されるようになった。戦後七五年以上が経過した現在においても、日本統治時代の知識人の子孫は引き続き龍田村において名声と権力を誇っているのだが、中でも地域社会における代表的な存在となっているのが、台東製糖などに勤めていた邱振郎《チウジェンラン》の子・邱鈺真《チウユージェン》や、邱振郎の孫で邱鈺真の姪の邱樹蘭《チウシューラン》である。(2) まずは、日本統治時代の知識人である邱振郎の経歴について確認した上で、邱鈺真と邱樹蘭の人物像を追っていくこととしよう。

一九〇三年に当時の高雄州潮州郡内埔庄（現在の屏東県内埔郷）で生まれた邱振郎は、八歳になると一〇歳以上の級友に混じって私塾で漢文を学び始め、翌年には通い始めた内埔公学校でも優秀な成績を収めるなど、勤勉な学生であった。その後、一九二一年二月に一八歳で結婚すると、直後の三月に妻とともに台湾東部へと移り、雑貨店の店員として働いた後、同年八月からは花蓮港庁瑞穂区（現在の花蓮県瑞穂郷）の書記を務めることとなった。一九二二年四月に新社区（現在の花蓮県豊濱郷）役場の書記に異動となったが、異動先の生活において、毒蛇が頻繁に現れることや交通が不便なこと、食糧を確保することが難しいといった問題があり、邱振郎夫妻は、当時、台東開拓が漢人移民の募集を始めていた鹿野村に移り住むことにしたのであった。

台東開拓の臨時雇い兼郵便取次手として働き始めた邱振郎であったが、一九二九年には台東開拓事務所と医務室の会計を任されるようになった。その後、自動車講習所に通って自動車の運転技術を身に付けると、一九三五年には正社員となり、書記補として働き始めることとなった。一九三七年に台東開拓が台東製糖に再び吸収されたり、一九四三年に台東製糖が明治製糖に吸収合併されたりしたものの、邱振郎はいずれの会社でも社員として働き続けたのであった。その後、台東庁農会書記と鹿野庄農業会書記を務めた邱振郎は、一九四六年からは鹿野郷公所で戸籍幹事を任されることとなり、公務員として働き始めることとなった。台東県長から表彰されるほどの働きぶりを見せ、戸籍副主任などを務めた後、一九四七年に総幹事（秘書）に昇任した。しかし、翌年七月に眼の不調を訴えて総幹事の職を辞すると、再び戸籍関連業務に戻り、一九五一年に民政課長に就任し、その期間は戦後初期の鹿野郷における各機関の沿革や人事異動等をまとめた『鹿野郷概況』の執筆を行った。『鹿野郷概況』は以後の鹿野郷研究における貴重な一次資料となっている。その後は、総務課長および人事管理員を務めた後、一九六〇年に退職した。

退職後は、家系図を作成したり、日本統治時代の保険証書や土地売買契約書、さらには公文書などをまとめて郷土史料を作成したりするなど、歴史研究を精力的に行っていたという。一九八一年に妻が亡くなると、一九八六年に邱振郎もこの世を去った。その後、二〇〇〇年から二〇〇二年にかけて、邱振郎の子たちによって、「振郎杯」と銘打った鹿野郷の野球大会が開催されるなど、子どもたちだけでなく、地域社会において親しまれた存在であったことがうかがえる。

邱鈺真《チウユージェン》は邱振郎の第五子である。彼は国民小学（小学校に相当）の主任を務めるなど教員として勤めたほか、龍田村において龍田社区発展協会で理事長を務めるなど、地域活動にも積極的な関与を見せていった[3]。

退職後の邱鈺真は、地域活動への参画に加えて、父の邱振郎と同じく、郷土史研究を積極的に行っており、龍田村において日本統治時代などの貴重な文物を所有していることで有名な存在となっている。そして、邱振郎の孫の邱樹蘭《チウシューラン》は、託児所で働いて龍田村の子どもたちの親と親交を深めたり、ダンスを教えたりしながら、他の住民コミュニティである二次移民たちや新移民たちと幅広い人間関係を築いており、龍田村における中心的存在として地域活動に参画している[4]。邱振郎とその子孫は、現在の龍田村においても発言力を有している存在なのである。

そして特に、鹿野村社の再建に強い関心を示したのが、日本統治時代の鹿野村社の姿を知っている邱鈺真であった。邱鈺真にとって、鹿野村社の再建は幼い頃の懐かしい記憶を想起させるものであることから、邱鈺真は当時の姿を復元することにこだわりを見せていくこととなる。

(2) 二次移民とその子孫　—行政機関との窓口—

戦後になって日本人移民が鹿野村を去った後、かつての日本人居住区の良質な居住環境を求めて、周縁に住んでいた漢人だけでなく、台湾西部や南部からも多くの人々が流入してきたことは前述のとおりである。彼らは二次移民と呼ばれ、パイナップルの生産などに従事してきた。一九五八年になると、二次移民たちは、彼らの主な信仰対象となっていた瑤池金母と媽祖などを祀る崑慈堂《クンツータン》を鹿野村社跡地に隣接する場所に建てて、信仰を深めていったのであった。

当初建てられた崑慈堂は竹を建材とした簡易的な造りであったが、信徒の増加により廟堂が狭くなると一九八〇年に地元住民によって改建委員会が設立され、建て替えのための資金収集が行われることとなった。そして、一九八一年からは建て替え工事が始まり、一九八二年には新たな崑慈堂が完成したのであった。その後、改建委員会は崑慈堂管理委員会へと名前を変え、現在でも崑慈堂の運営や維持管理を担っている。龍田村民の投票によって選出された管理委員会のメンバーが熱心に廟の業務に励んでいるのだという(5)。漢人社会において、この種の管理委員会は、各地域において地位や声望があり、なおかつ裕福な人々で構成され、このよう

崑慈堂《クンツータン》外観（筆者撮影、2023年1月8日）

な村廟組織こそが村落の自治機関であると評されている。[6] また、外部に対して村落を代表する機関として、行政等との折衝を行い、村落全体の意見の代弁者となる存在なのだという。[7] 実際、崑慈堂も龍田村の公廟に位置付けられており、二次移民たちは崑慈堂管理委員会を中心に互いの結び付きを強めていき、龍田村における村内政治を司る存在へと成長していった。陳崇賢《チェンチョンシエン》が鹿野村社の再建を企図した際、龍田村の代表として交渉したのが崑慈堂管理委員会である。現在、管理委員会のトップである主任委員を務めているのが、二次移民の子世代の代表的人物である陳建光《チェンジエングアン》である。

陳建光の父である台湾中部・雲林出身の陳玉窗は、一九三八年に台東に単身で移り住み、鹿野一帯の農地開墾に取り組んでいた。その後、故郷から両親や兄弟たちを呼び寄せて、パイナップルやサトウキビを栽培していた。そして、二年間日本兵を務めて退任した後、鹿寮《ルーリアオ》（現在の永安村）の呉金玉と結婚し、陳建光は一九六四年に生まれた。

陳玉窗は家計を支えるとともに、子どもの教育にはとりわけ熱心であったといい、その甲斐あってか、次男の陳玉柱は第七代・鹿野郷民代表（地方議会議員に相当）を務め、さらに下の子の陳玉在は第八、九代・鹿野郷長を務めたのであった。さらに、妻・呉金玉の兄弟である呉永坤も第十四代・鹿野郷民代表を務め、鹿野郷において政治的影響力を持つ一族としての地位を築いていったのである。そのような家庭で育った陳建光にとって政治は非常に身近なものであったといえよう。

陳建光は、地元の龍田国民小学、鹿野国民中学（中学校に相当）を卒業後、台東農工に進学して農業の研究に勤しんだという。台東農工卒業後は、しばらくの間、地元に戻ってタクシー運転手をするなど、政治や農業から離れた生活を送っていた。しかし、一九八八年に龍田村において製茶工場を設立すると、同じく龍田村に居住し、教師として勤めていた黄文華の娘・黄惠如と結婚した。その二年後には新たに茶の販売所を開くなどして、のちに総統となる李登輝（当時の肩書きは台湾省主席）が鹿野郷を訪れた際に命名した「福鹿茶」(8)の販売促進に取り組んだほか、コミュニティ活動にも積極的に参加するようになった。具体的には、義勇警察（ボランティアで警備などの業務にあたる人々）を務めたほか、青年会議所や後備軍人輔導中心（有事の際に出動する退役軍人たちの研修センター）などで業務に当たりながら、経験を積んでいくこととなった。

そして一九九八年、幼い時から政治一家で育ち、政治や地域振興に対して高い関心を持つ陳建光は、第十六代・鹿野郷民代表選挙に出馬すると、高い得票率を得て当選したのであった。その働きぶりが認められ、続く二〇〇二年に再選を果たすと、ナンバー2である副主席の役職にも就くこととなった。その後も、二〇一〇年から第十九代・鹿野郷民代表を務めたほか、二〇一四年には鹿野郷長選挙に出馬するなど、鹿野郷の政治の舞台で長らく活躍してきた。(9)現在では、政治の表舞台からは退いているものの、崑慈堂管理委員会の責任者である主任委員として、依然として龍田村において影響力を持つ人物である。

そのような陳建光に対して、鹿野神社の再建について聞き取り調査を行ったところ、「そこに神社があったから再建されたまでだ」と語っており、[10]二次移民とその子孫にとって、鹿野神社の再建はあくまで事業であり、日本統治時代の龍田村の歴史には大きな興味がないようである。

(3) 新移民 ―「よそ者」集団―

そして、戦後初期に流入してきた二次移民に続いて、台湾社会の発展とともに、一九七〇年代頃より都市部から龍田村に流入してきた新中間階層や若者を主とする、Iターン者やUターン者が新移民である。中でも、新移民の先駆けであり、現在、新移民コミュニティの代表的人物として精力的に活動しているのが、李元和《リーユエンホー》である。李元和の来歴や活動については、第五章において詳しく論じるが、李元和は一九七五年から龍田村に住んでおり、蝶を生かした村おこしを目的として活動する龍田蝴蝶保育協会の理事長を務めている。[11]

外来の新移民たちは、李元和を中心に、龍田村に馴染むために積極的に地域活動に参加しようとしており、その結果、日本統治時代の知識人の子孫である邱鈺真《チウユージェン》や邱樹蘭《チウシューラン》とは、環境保護という共通の価値観に基づいて、協働する場面が多く見られている。しかし、概して保守的であり、現在の村内政治を司っている二次移民たちとの「雪どけ」は進んでいないのが実情のようである。このような状況下において、鹿野神社の再建が行われることになる。新移民の生い立ちやバックグラウンドを鑑みれば、二次移民たちと同様、再建に無関心であってもおかしくはないが、新移民は鹿野村社の再建に対して非常に高い関心を持って向き合っていくこととなる。

以上、龍田村においては、地元住民と一口にいっても、龍田村に流入してきた時期によって、日本統治時代の知識人の子孫、二次移民とその子孫、そして新移民と三つのコミュニティが存在しており、鹿野神社に対するスタンスも様々であることが窺える。では中央政府側の陳崇賢縦管処長はいかにして、地元住民や地方政府とネットワークを形成しながら、鹿野村社再建計画を推し進めていったのか、その過程をみていくこととする。

3　再建計画主導者・陳崇賢の原点

第二章で論じたとおり、二〇〇〇年代前半の鹿野郷公所による再建計画も立ち消えとなったことで、鹿野村社は誰にも利用されない「空白の場所」となっていた。そして、その鹿野村社に注目し、鹿野村社再建事業を主導していった人物こそが、縦管処の第五代処長・陳崇賢である。ここからは、陳崇賢に対する聞き取り調査(12)の内容を中心に、陳崇賢が鹿野村社の再建に携わるまでの原体験や職務経験を確認した上で、彼が鹿野村社の再建を決心するまでの経緯を明らかにしていきたい。陳崇賢の個人的体験、日本式宿舎の修復に携わった職務経験がどのように重なりあっていくのかというポイントに注目した上で、論じていくこととしよう。

陳崇賢は、一九五九年、台東市沿岸部から約三三キロメートル離れた太平洋に浮かぶ緑島（台東県緑島郷）で生まれた。国民中学を卒業すると、すぐに島を離れて、台湾本島で仕事をすることとなり、かつて台東県成功鎮東発路辺りに広がっていた日本式宿舎をしばしば見にいっていたという。それらの宿舎の周りには燈籠花（アオイ科の一種）が咲き誇っており、その光景を目の当たりにした陳崇賢は「気持ちいい」と感じていた、と筆者に日本語で語っていた。そして、その頃から長い年月を経ても、当時の日本式家屋が織り成す情景が彼の脳裏には鮮明に残っており、年齢を重ねてもなお非常に強い印象を抱き続けていたのだという。

それから時が経ち、台糖で働いていた陳崇賢は、一九九一年、それまでの高い収入を捨て、生まれ故郷の緑島で新たに設立された交通部観光局東部海岸風景特定区管理処（一九九五年に交通部観光局東部海岸国家風景区管理処に改称(13)）緑島管理站の主任に就任した。公務員となった彼は、約六年間、故郷の観光振興のために尽力したという。そして、一九九八年一月に行われた緑島郷長選挙に無所属で出馬したものの、激しい選挙戦の末に敗れている。緑島に戻っていた期間、彼は地域社会発展のための活動にも積極的に参画しており、同じく地域活性化に取り組んでいる仙人掌郷土工作室の廖中勳《リアオジョンシュン》（第二章参照）ともこの頃に知り合ったと語っていた。緑島郷長選挙に敗れた後、陳崇賢は東部海岸国家風景区管理処花蓮管理站と台東管理站で主任を務め、二〇〇一年に東部海岸国家風景区管理処の秘書に昇任すると、二〇〇三年には副処長に昇任し、着実に経験を積んでいった。

以上のとおり、約二十年間台湾東部の観光振興に尽力した陳崇賢(14)は、二〇〇九年一月一六日から、嘉義県と

左から馬英九総統、賴清德《ライチンドー》台南市長、陳崇賢《チェンチョンシエン》西拉雅管理処長
（「水庫路跑賽 馬總統下戰帖」中央社、2011年5月8日）

台南県（現在の台南市）にまたがる十六の郷・鎮を管轄地域とする交通部観光局西拉雅《シーラーヤー》国家風景区管理処（以下、「西拉雅管理処」）の第二代処長を務めることになった[15]（西拉雅管理処の処長を務めていた当時、陳崇賢は「陳昱宏《チェンユーホン》」と名乗っており、筆者が二〇一八年一二月一七日に陳崇賢から受け取った名刺には「陳崇賢（昱宏）」と書かれている）。

西拉雅管理処の処長に着任した陳崇賢は、一大プロジェクトである八田與一《はったよいち》記念公園の整備事業を担うことになった。八田與一とは「台湾農業の恩人」と呼ばれ、日本統治時代に台南に位置する烏山頭《うさんとう》ダムの建設に大きく貢献した日本人技師である[16]。烏山頭ダムは今でも使用されており、台南の人々の生活を支え続けている。その烏山頭ダムから少し離れた場所には、八田與一を含む烏山頭ダムの建設に関わった日本人技師が住んでいた宿舎が残っており、陳崇賢の西拉雅管理処赴任当時、それらを再整備して記念公園を建設しようという話が持ち上がっていたのだという。陳崇賢自身も元々八田與一に対して興味を抱いていたため、それらの日本式宿舎が残る場所を訪れてみることにした。実際に行ってみると八田與一本人が住んでいた宿舎はすでになくなっており、残存している宿舎についても劣化が激しかった。陳崇賢は宿舎群の悲惨な現状を目の当たりにしたことで、宿舎群のかつての姿を復元したいという思いを強くしたのである。しかし陳崇賢によると、当時それらの宿舎が建っていた土地は地元の水利会が所有しており、水利会が残存する宿舎群の取り壊しに反対していたため、そう簡単に宿舎群の再生を実行に移すことができなかったという。それでも、日本式宿舎に対しての思い入れが強い陳崇賢は水利会の反対に屈することなく、まずは宿舎群の再生に向けて測量と製図を行うことにした。そして、ちょうど測量と製図が終わった頃、当時総統に就任したばかりの馬英九は、西拉雅管理処に対して八文字の言葉とともに宿舎群再生を含めた八田與一記念公園の整備を命じたのだという。「原汁原味《ユエンジーユエンウェイ》、如其如質《ルーチールージー》」――「元の姿を忠実に再現させてほしい。そして、決められた期間内に私が求める質の高いものをつくりなさい」――二年以内に質の高いものを作ってほしいという馬英九の言葉に込められた思いに沿って陳崇賢は宿舎群の再生に取り組んでいったのである。(17)

この八田與一記念公園整備事業の設計および工事監督を担当した業者は中冶《ジョンイエ》環境造形顧問有限公司(18)（以下、「中冶」）であった。中冶は、ともに建築学を専攻していたデザイナーの堀込憲二・郭中端《グオジョンドワン》夫妻が共同で一九九二年に創立した会社である。郭中端もまた、陳崇賢が西拉雅管理処第二代処長に就任する以前から烏山頭ダム宿舎群の再生に興味を持っており、(19)そのような背景からも陳崇賢は、郭中端とともにこの事業を行うことを決めたのだという。ちなみに、堀込憲二については第二章における鹿野村社の現地調査で言及していると

八田與一記念公園内の修復後の日本式宿舎（筆者撮影、2017年11月12日）

ころであるが、陳崇賢は、交通部観光局東部海岸時代に、堀込憲二とも一緒に仕事をしたことがあるのだという。その当時を振り返って、陳崇賢は堀越の仕事の質を賞賛していた。

そして、二〇一一年五月八日に行われた八田與一記念公園の除幕式を見届けた陳崇賢は、同年六月九日に西拉雅管理処第二代処長を退任し、その直後に縦管処第五代処長に就任した。縦管処の処長として彼に課された仕事は、花東縦谷エリア（花蓮県および台東県の山側地域）の観光産業を発展させることであった。陳崇賢は課せられた仕事を達成するための方針として、西拉雅管理処の処長時代と同じように、この花東縦谷エリアにおいても日本人観光客向けの観光ルートを作ることを決めた。

というのも、西拉雅管理処時代の陳崇賢は、まず、八田與一記念公園で再建工事を行った四棟の日本式宿舎をはじめとする日本統治時代の歴史的建築を活かして、訪れた日本人観光客が歴史や文化に触れて、かつての日本統治時代に思いを馳せることができるような観光ルートを作ることを意識していた。加えて、台南の名産品でかつ日本人がよく好むマンゴーを全面的に押し出すなど、文化や歴史、産業といった多様な面からのアプローチを駆使して、包括的な観光政策を打ち出した。一方、欧米人向けの観光ルートについては、日本統治時代の建築物に対する感じ方も異なること、そして、日本人が好んで食べるマンゴーについても、欧米の人々はそれほど好んで食べることはないということで、日本人向けとは別の観光ルートを用意していたという。

したがって、縦管処の処長として管轄地域の観光政策を任された陳崇賢は、西拉雅管理処時代と同様に、国内の観光客向けの観光ルート、欧米人向けの観光ルート、そして日本人向けの観光ルートをそれぞれ作ることを決めた。その上で、花東縦谷エリアにおける日本人向け観光ルートについては、日本人移民村としての歴史を持ち、比較的多くの日本統治時代の建築物が残存している龍田村こそが、観光ルートの中心となるべき存在であると考えていたのであった。

以上が陳崇賢が縦管処の処長に就任して、鹿野村社を有する龍田村に関心を持つまでの経緯である。西拉雅管理処の処長として携わった八田與一記念公園事業において、日本式宿舎群の再生にこだわりを持って取り組んだ背景には、日本式宿舎を眺めていた彼自身のかつての記憶が影響を与えていたことが明らかになった。また、その宿舎群再生事業において、陳崇賢と同じビジョンを共有し、ともに八田與一記念公園事業を成し遂げた人物こそが中治の郭中端であった。そして、陳崇賢の個人的体験に基づく日本式建築に対する思い入れと日本式建築の再生を実現可能なものにした郭中端との出会いが、続く鹿野村社の再建実現に大きな影響を与えることになる。

4　鹿野村社再建の礎 ―主導者の戦略―

過去、鹿野郷公所や仙人掌郷土工作室が検討したものの、実現することができなかった日本統治時代の神社の再建という難しい事業を実現させるために、陳崇賢がとった戦略とはどのようなものだったのだろうか。彼が鹿野郷公所や地元住民とネットワークを形成していく過程に注目しながら、その戦略をみていくこととしよう。

陳崇賢も認めるとおり、戦前、サトウキビ栽培に携わる糖業移民たちが住んでいた龍田村には、碁盤の目のような格子状の街並みが残っており、辺りの風景と合わさって非常に綺麗な景観を作り出している。しかし、陳崇賢の縦管処赴任当時は、残念ながら、当時の龍田村には美しい街並みや日本人移民村としての歴史をはっきりと観光客に示すような案内標識は存在していなかったという。陳崇賢には、龍田村全体を「日本味《リーベンウェイ》道《ダオ》（日本の雰囲気）」、「日本移民味道《リーベンイーミンウェイダオ》（日本人移民の雰囲気）」が溢れる街として発展させたいとの考えがあり、一口に案内標識と言っても適当に作るのではなく、「日本味道」を有した案内標識を作るべきだと考えていた。そして、龍田村を中心とした観光ルートを整備し、日本人観光客に花東縦谷エリアに足を運んでもらい、かつての日本人移民村の歴史や文化をテーマとする旅行を行ってほしいと考えていたのである。[20]実際、陳崇賢の退職後に縦管処が製作した日本語の観光パンフレットでは、龍田村をはじめとする花東縦谷エリアの日本人移民村を周る観光ルートが紹介されており、陳崇賢の構想の一端を確認することができる。したがって、陳崇賢このような考えに基づいて、従来の観光ルートの見直しを図りつつも、まずは龍田村における観光客向けの案内標識の設置から始めていったようである。

龍田村の街並み（『鹿野郷志』夏黎明、2007より）

案内標識の設置に引き続いて、陳崇賢が注目したのは、龍田村に残るかつての日本人移民村の「原素《ユエンスー》」であった。陳崇賢は、龍田村全体の整備計画を立てるにあたり、龍田村の日本人移民村としての歴史や文化を構成する一部分としての「原素」を見つけ出そうとしたのである。龍田村には日本統治時代の鹿野尋常小学校校長先生宿舎や鹿野区（庄）役場など、いくつかの日本式家屋が残存していたのだが、それらの修復などは当時まだ行われていなかった。したがって、陳崇賢は日本人移民村の「原素」である日本式家屋の修復を行うことを決め、中でも、鹿野尋常高等小学校校長先生宿舎に注目し、建物を管理する台東県政府と直接交渉を行うこととした。しかし、台東県政府はそれらの修復を認めることはしなかったのである。陳崇賢自身がはっきりとその理由を語ることはなかったが、仙人掌郷土工作室の廖中勳によると、鹿野尋常高等小学校校長先生宿舎が、二〇〇五年の時点ですでに台東県の歴史建築に登録されていたことも一つの要因だったようである。(21)

鹿野尋常高等小学校校長先生宿舎（筆者撮影、2017年11月15日）

台東県政府が管理をしている鹿野尋常高等小学校校長先生宿舎の修復が難しいことを知った陳崇賢であったが、続いて注目したのが、崑慈堂のそばにある鹿野村社の台座部分であった。「どうしてこんな場所に日本の神社があるのだろうか。」――陳崇賢の生まれ故郷である緑島にかつて存在していた神社もなくなってしまっており、龍田村で神社を見つけた時、陳崇賢はとても嬉しかったのだという。こうして、鹿野村社の再建を行うことを決心したが、行政に長年携わってきた陳崇賢自身の経験上、行政の考えと地元の人々の考えが一致することが、事業の実行において必要であると考えていた。したがって、花東縦谷エリアの観光事業を司る政府機関である縦管処の処長として、陳崇賢は二つのことに取り組んだのであった。

崑慈堂《クンツータン》周辺（筆者撮影、2023 年 1 月 8 日）

まず一つ目は、地元住民からの合意を得ることであった。地元住民からの理解を得ることが肝要であると考えた陳崇賢が交渉相手として選んだのが崑慈堂《クンツータン》管理委員会のメンバーであった。崑慈堂管理委員会は前述した通り、公廟である崑慈堂の運営や維持管理を担う龍田村における村内政治代表するグループである。

陳崇賢から見れば、崑慈堂は地元住民の多くが参拝に訪れる場所であり、崑慈堂の入口付近に龍田老人会館があることからお年寄りが集まって会話を楽しむ空間でもあった。さらに、老人会館の建物の隣には龍田社区発展協会の事務所が建っており、龍田村の発展を目指して地元の有力者たちが会議を開いて計画を練ったりするほか、選挙の際には投票会場にもなっていたのだという。したがって、陳崇賢は崑慈堂周辺が龍田村における政治活動において非常に重要な場所であるという認識しており、崑慈堂管理委員会のメンバーや信徒たちと意見を交わすことにしたのである。

前述のとおり、一般的に崑慈堂管理委員会のような村廟組織は、村内政治の中心的存在であると認識されていること、そして、鹿野村社の台座自体が崑慈堂のそばに建っていることを鑑みると、陳崇賢の選択には妥当性があるといえよう。だが、三つの住民コミュニティが存在する龍田村において、陳崇賢は結果的に前述の二次移民とその子孫たちのコミュニティとしか交渉を行うことができておらず、残り二つ、日本統治時代の知識人の子孫のコミュニティ、新移民のコミュニティとは接触することはなかった。このことが後々大きな影響を及ぼすことになるのである。

当時、当然そのことを認識していなかった陳崇賢は、地元住民との交渉相手として選んだ崑慈堂管理委員会のメンバーらに対して、鹿野村社再建の必要性やメリットについての説明を行うこととなった。実際、鹿野村社の再建は観光産業の発展という大義名分があったものの、正直なところ、定年までの残された時間が少なく、神社に対して懐かしい思い出を抱く陳崇賢自身が個人的に実現させたいことという側面が強かったのだという。しかし、陳崇賢のほうから「私が個人的にやりたい」と口にすることは絶対になかった。というのも、日本統治時代の神社は、日本統治時代の賛否をめぐる議論や歴史問題の文脈で議論されることがしばしばあり、そのような日本統治時代の神社を再建するということは住民たちに刺激を与える可能性が大いにあることを彼は強く認識しており、とにかく地元住民との対話を意識的に重視したのであった。西拉雅管理処処長時代に八田與一記念公園整備事業に取り組んだ際、事業への賛否をめぐる意見はもちろんのこと、様々な派閥や団体から構成される複雑な人間関係に対処してはじめて事業計画を実行に移すことができたといい、それらの経験を踏まえた上で、鹿野村社再建事業においても長い時間をかけて対話することでこそ、地元住民の理解を得ることができると考えていたのである。

つまり、陳崇賢は長年行政に携わって大きな事業を動かしてきた経験をもとに、地元住民との対話においては決して「私がやりたい」とは言わずに、様々な意見を持っているそれぞれの地元住民が、「私たちがやりたい」と言い出すような状態を作り出すことに注力したのである。龍田村の有力者である崑慈堂管理委員会のメンバー側が「私たちがやりたい」と行政機関に意志を示せば、もし他の住民たちから鹿野村社の再建に対する批判が出てきたとしても、責任を持って批判的な意見を抑えにいくであろうという陳崇賢の戦略であった。加えて、陳崇賢自身は鹿野村社の再建はあくまで観光のためであるという確固たる信念を持っていたため、「日本軍国主義の賞賛にあたるのではないか」などといった批判は全く恐れていなかった。

話し合いの結果、崑慈堂管理委員会のメンバーらは鹿野村社の再建を受け入れることになったものの、この時点で、二次移民とその子孫たちにとって鹿野村社はあくまで「崑慈堂の隣に存在しているもの」に過ぎなかった。つまり、日本統治時代に鹿野村の日本人居住区には住んでいなかった二次移民たちにとって、鹿野神社の再建はあくまで、「そこに存在していた建築物が再建される」という事象でしかなかった。したがって、実際のところ、二次移民たちは鹿野村社の再建に「積極的に賛成した」という程ではなかったため、「他の住民からの反対意見を抑え込む」という、陳崇賢が期待していた役割を崑慈堂管理委員会は担うまでには至らなかった。この時点で陳崇賢がそのことを知るよしはなかったものの、この「誤算」が後々鹿野村社の再建事業に影響を及ぼすことになるのだが、その詳細は第四章でみていくこととしよう。

陳崇賢が取り組んだことの二つ目は、地元自治体である鹿野郷公所からの合意を得ることであった。中央政府の地方機関のトップである陳崇賢の交渉相手は、当然のことながら鹿野郷のトップである当時の林金真《リンジンジェン》郷長であった。前述のとおり、鹿野村社の台座が残存する土地は鹿野郷公所が所有権を持っていたため、鹿野郷公所から土地の使用許可を得てはじめて鹿野村社の再建に着手することができたのである。土地の使用許可を得るには、合わせて鹿野郷公所がやりたい事業も抱き合わせて行うことが必要であると陳崇賢は考えていた。そこで、緑美化事業も合わせて行うことを提言した。鹿野郷公所にとって、緑美化は行いたい事業ではあったものの、資金が無くなかなか実行できないことであったのだという。かくして、陳崇賢は鹿野郷公所から土地利用の同意を引き出すことに成功したのである。加えて、鹿野郷公所から鹿野村社再建事業への同意を確実に得るために、陳崇賢は意識的に林金真郷長の立場に立って、対話を進めていった。まず、林金真に対して、縦管処として鹿野郷全体の観光産業を発展させていくことを約束した上で、なかでも旧日本人移民村としての歴史を持つ龍田村を重要視していることを示すこととした。その上で、龍田村の新たな主要観光スポットを作るために鹿野村社を再建させたいことを伝えたのであった。

このように、陳崇賢は、龍田村を中心とした鹿野郷の観光産業発展計画を林金真郷長に伝えた上で、さらにこれら観光事業の全ての手柄は林金真に渡すと明言したのであった。八田與一記念公園整備事業の際にも、同様に台南市長に全ての手柄を渡しているのだといい、陳崇賢自身も「これは台南市長が成し遂げたことだよ」と市民らに話していた――公務員である陳崇賢とは異なり、政治家である林金真は鹿野郷長の職務を続けるためには、次回の選挙で当選する必要がある。有権者の得票を集めるための実績作りになると陳崇賢は提案したのである。

これらの話を聞いた林金真郷長は、最終的に鹿野村社の再建に対して同意の意向を示すこととなった。陳崇賢縦管処長が林金真鹿野郷長に持ちかけた鹿野村社の再建事業は、表向きは「鹿野村社再建を含めた観光事業は縦管処が主導したものではなく鹿野郷公所が発案したものである」という形が取られることとなった。実際、行政文書上においては、二〇一二年三月五日に林金真郷長が縦管処に対して、鹿野村社や校長先生宿舎、託児所、鹿野区役場といった龍田村に残る歴史建築の修復などを求める提案を行った文書が残されている。また、筆者が二〇一八年一二月に陳崇賢への聞き取り調査を実施する前の二〇一七年一二月に縦管処にメールで質問した際には、縦管処の担当部署である工務課から、鹿野村社の再建は二〇一二年三月に鹿野郷公所が縦管処に提案したことがきっかけであるとの回答を得ている。(22)

陳崇賢が地元住民や地方政府などと交渉する際に大切にしていることは、いきなり実行したい施策の話をするのではなく、雑談を交えながら、とにかく会話を重ねることである。そうすることで、交渉相手は「陳崇賢はこの地域や地域住民のことを思ってくれている」と感じてくれるようになり、いざ本題の施策に関する話題を持ち掛けた時に、比較的容易に受け入れてもらえたのだという。つまり、鹿野村社再建事業の実現に向けて、陳崇賢が取った戦略は、あらかじめ「根回し」を行った上で、最終的には地元からの「要望」を受けて、陳崇賢がその「要望」に応えるという状況を作り出すことであった。事実、鹿野村社再建後の台湾における報道において、「二〇一二年に村民と鹿野郷公所による積極的な要望を受けて、縦管処は（鹿野村社の）再建に着手した」と報じられているほか(23)、日本語で書かれた野嶋剛の論考(24)においても、「村の若者たちが地域おこしの一環として「神社をよみがえらせたい」と地元政府に掛け合って、鹿野村社の復活運動をはじめた」と述べられている。

このようにして地元との交渉を終えた陳崇賢は、計画案の作成へと移っていくことになる。筆者が確認できた計画案検討過程で最も早いものは、二〇一二年六月五日に開かれた、「民国一〇一年（二〇一二年）度景観、公共施設委託設計および施工管理技術サービス」案第一回中間報告会（「一〇一年度景觀暨公共設施委託設計及監造技術服務」案第一次期中簡報會）であった。陳崇賢が司会を務めた本報告会においては、龍田村における日本統治時代の建築物の修復および再利用について議論がなされた。議事概要によると、日本統治時代の建築物の再利用についてはサイクリスト向けの休憩所整備計画と関連付けた計画を建てることや、観光ガイドや解説といった内容を含む案内標識を設置すること、そして事業計画の名称を必要に応じて修正することが提言された。また、基礎計画が未完成の状態であるため、構想計画を速やかに提供するように求められるとともに、あらかじめ地元団体に協力を仰いでおくことや、それぞれの地元団体との連絡に関しては鹿野郷公所に協力を要請することが求められた(25)。

計画案の作成は、八田與一記念公園整備事業を手がけた郭中端に依頼された。陳崇賢は、事業を成功させるためには、自身と同じような理念を持っていて、なおかつ能力のある業者の存在が不可欠だと考えており、八田與一記念公園整備事業を始めとする様々な実績を持つ郭中端に白羽の矢を立てて、鹿野村社再建事業を託すことにしたのである。鹿野村社再建事業は「民国一〇二年（二〇一三年）度景観、公共施設委託設計および施工管理技術サービス」の枠組みの中で行われる具体的な工程内容の一つとして検討されていたものであったことから、二〇一三年一月一六日、縦管処（法定代理人・陳崇賢）と中冶《ジョンイエ》（代表・郭中端《グオジョンドワン》）が、「民国一〇二年度景観、公共施設委託設計および施工管理技術サービス」の契約を締結したことにより、鹿野村社再建事業を含む本事業の設計および施工管理の委託先が中冶に決定した(26)。そして、設計協議会での議論も踏まえながら、計画案の作成が進められていくこととなった。しかし、計画案が完成して間もない二〇一三年五月、陳崇賢は縦管処の処長を辞した上で、公務員の職も辞することを突然発表した。陳崇賢が退職した理由については本人の口から聞くことができなかったため、報道を参考にして論じておきたい。

辞任の直前、陳崇賢には台北の観光局本局への人事異動が打診されていたといわれている。人事異動の理由について、鹿野村社に程近い鹿野高台で、毎年夏に開催されている熱気球イベントの会場をめぐる入札問題と関係があるのではないかという噂や、故郷である緑島郷の郷長選挙に再度出馬するためとの噂が出ていたものの、陳崇賢自身はそれらを否定している。陳崇賢によると、公職の最終盤において故郷の台東に帰ってきて仕事をすることができているにもかかわらず、今回の人事異動で再び年老いた両親を台東県内に残して台北に赴任することになってしまうのであれば、退職して両親に寄り添い続けることを優先したいと考えていたのだという。そして、陳崇賢の後を受けて洪東濤《ホンドンタオ》が第六代処長に就任し、(27) 鹿野村社再建事業は洪東濤に引き継がれることとなった。

5　まとめ

本章では、中央政府の地方機関のトップとして、二〇一一年以降、鹿野村社再建計画を推進していた陳崇賢に対して行った聞き取り調査の内容を中心に、陳崇賢が鹿野村社の再建を決心し、そして、業者と契約を締結した上で、計画案の作成段階まで事業計画を進めてきた過程について論じてきた。彼がかつてよく目にしていた幼い頃に見た日本式宿舎や神社に対してノスタルジーを抱いていたという個人的動機に加えて、管轄地域における観光政策を司る政府機関のトップとして、旧日本人移民村としての雰囲気が色濃く残る龍田村を中心に据えた日本人向けの観光ルートを作りたいという職務上の動機を原動力に、鹿野村社再建の実現に向けた筋道を作っていった。日本人向けの観光ルートを作るという点については、実際に鹿野村社は日本における著名な海外旅行ガイドブックである『地球の歩き方』において、観光スポットとして紹介されている。(28)

計画段階において、当初、陳崇賢が目を付けたのは、鹿野尋常高等小学校校長先生宿舎であったものの、台東県政府が管理しており、再利用することができなかった。だからこそ、陳崇賢は、「空白の場所」となっていた鹿野村社に目を付けたのであった。その上で、長年行政に携わってきた経験を活かした戦略として、村落の政治を司る村廟組織に属する地元住民と、土地所有権を有する地方政府の首長に対して、単に根回しを行って合意を取り付けるだけでなく、地元に対してメリットを提示しながら、むしろ地元からの「積極的な要望」という形を引き出すことに尽力した。その後も、八田與一記念公園整備事業を共に成功させたデザイナーに設計を依頼するなどして着実に鹿野村社の再建事業を前に進めてきた。結果的に、陳崇賢は道半ばで退職することとなったものの、陳崇賢がこれまでの職業人生のなかで培ってきたノウハウと人脈だけでなく、当該地域の観光事業を司る政府機関のトップとしての権力も持ち合わせていたからこそ、批判を受ける対象になりかねない事業である日本統治時代の神社の再建に着手することができたのではないだろうか。

最後に、陳崇賢の龍田村に対する見方を整理しておくと、彼にとって龍田村は、「かつての日本人移民村」という認識であり、糖業移民村であったことを意識した言動は観察されていない。龍田村においては、三つの住民コミュニティが存在しており、崑慈堂《クンツータン》管理委員会に代表される二次移民たちのコミュニティ以外にも、日本統治時代に製糖会社に勤めていた知識人の子孫のコミュニティ、新移民のコミュニティが存在する。日本統治時代は糖業移民村であったという意識がなかったために、陳崇賢は結果的に二次移民たちにしか根回しを行わず、それ以外の住民たちは鹿野村社が再建されることも知らないままであった。

1 交通部観光局花東縱谷國家風景區管理處「管理範圍」(<https://admin.taiwan.net.tw/erv-nsa/introductionErv/introductionErv07.htm> 閲覧 2020/1/2)/交通部観光局花東縱谷國家風景區管理處「設立緣起」(<https://admin.taiwan.net.tw/ervnsa/introductionErv/introductionErv06.htm> 閲覧 2020/1/2)

2 李元和(二〇一九年一〇月一六日)および邱樹蘭(二〇一九年一〇月二四日)にテキストメッセージを用いて確認。

3 夏黎明 總編纂『鹿野鄉志』(上・下)(臺東縣鹿野鄉公所、臺東、二〇〇七年八月、一三二一~一三二二頁)/趙川明 主編『日出臺東:縱谷文化景觀』(國立臺東生活美學館、臺東、二〇一一年一二月、二九〇~二九二頁)/鍾青柏 總編輯『龍田村百年移民史』(臺東縣政府文化處、臺東、二〇二〇年一〇月)/「種蜜源植物 龍田國小許蝴蝶一個未來」(『自由時報』<https://news.ltn.com.tw/news/local/paper/120039> 2007/3/11 閲覧 2022/12/16)

4 鹿野観光休閒生活網「美好事物的起點—邱樹蘭老師」(<https://www.goluye.com/portal_b1_page.php?owner_num=b1_511523&button_num=b1&cnt_id=45162> 2017/12/21 閲覧 2019/10/13)

5 臺東縣後山文化工作協會 編『臺東縣寺廟專輯』(臺東縣立文化中心、臺東、一九九六年五月、九五~九六頁)

6 戴炎輝『清代臺灣之鄉治』(聯經出版、臺北、一九七九年七月、一七九頁)/林美容「台湾の民間信仰と社会組織」(松金公正 註訳、野口鐵郎、奈良行博、松本浩一 編『道教と中国社会』雄山閣出版、二〇〇一年二月、一五八~一八四頁)

7 Leong. Y. K.「支那に於ける村落生活」(河野彌太吉 編『月刊支那研究』第二巻第二号、支那研究会、一九二五年七月、一七五~二〇二頁)

8 前掲 夏黎明(二〇〇七年八月、六二八頁)

9 「鄉代會副主席陳建光角逐下屆鹿野鄉長」(『更生日報』<http://www.ksnews.com.tw/index.php/news/contents_page/0000501452> 2013/11/21 閲覧 2019/12/28)/「東縣選情初探 鹿野鄉長3搶1 全是代表出身」(『聯合報』二〇一四年九月三〇日、B2版)/廖中勳 總編輯「鹿野風雲人物—陳建光」(『鹿野花園』二〇〇四年一二月版、二〇〇四年一二月三一日、臺東県鹿野鄉公所、臺東)/内政部「林金真」(『地方公職人員資訊專區』<https://www.moi.gov.tw/LocalOfficial_Content.aspx?n=575&_PARENT_ID=ER10002VC00114&_TYP=REP> 閲覧 2023/2/5)

10 陳建光談(二〇一八年一二月一八日、崑慈堂にて。以下、陳建光が語った内容については全てこの聞き取り調査に基づいて論じるものとする。）

11 「李元和邀村民一起投入 打造龍田村成美麗蝴蝶村」（『更生日報』二〇一一年一月二〇日、一八版）／前掲 鍾青柏（二〇二〇年一〇月、一〇四～一一三頁）

12 陳崇賢談（二〇一八年一二月一七日、臺東航空站にて。以下、陳崇賢が語った内容については全てこの聞き取り調査に基づいて論じるものとする。）

13 交通部觀光局東部海岸國家風景區管理處「設立緣起」（<https://admin.taiwan.net.tw/eastcoast-nsa/introductionEastcoast/introductionEastcoast06.htm> 閲覧 2020/1/2）

14 陳麗玲「打造一座生態渡假島 綠島社教站召集人陳昱宏談綠島社區營造」（臺灣綜合研究院 編『源雜誌』三九巻、促進電源開發協助基金管理委員會、臺北、二〇〇二年六月、四九～五一頁）／「東管處人事異動定案 台東管理站主任鄧清乾接任秘書」（『聯合報』二〇〇〇年二月一三日、一七版）／「《城鄉紀事》全中運開幕禮明晚重播」（『聯合報』二〇〇一年五月二日、一八版）／「城鄉紀事 東管處人事異動」（『聯合報』二〇〇三年一〇月二日、Ｂ２版）／謝淑芬 整理「消失的砂丘」（『台灣光華雜誌』< https://www.taiwanpanorama.com.tw/Articles/Details?Guid=f4959331-bd94-4c63-8dde-aac11b946a3a&CatId=10&postname= 消 失 的 砂 丘 > 1992/11 閲覧 2023/ 2/25）／「綠島管理站將成立陳崇賢選為站主任」（『中國時報』一九九一年一月二九日、一四版）／「東海岸風景區管理處人事重整：陳崇賢 不捨綠島」（『中國時報』一九九七年一一月二五日、一五版）／「綠島鄉長選舉 突破以往同額競選 兩陳對壘 選戰激化」（『中國時報』一九九八年一月一三日、一七版）／「陳崇賢 與理念賽跑：陳水扁二十日東來 替賴坤成募款餐會造勢」（『中國時報』一九九八年一月一七日、一七版）

15 交通部觀光局西拉雅國家風景區管理處「管理範圍」（<https://admin.taiwan.net.tw/siraya-nsa/introductionSiraya/introductionSiraya07.htm> 閲覧 2020/1/29）／交通部觀光局西拉雅國家風景區管理處「歷任首長」（<https://admin.taiwan.net.tw/siraya-nsa/introductionSiraya/introductionSiraya05.htm> 閲覧 2019/9/27）

16 「台湾農業の恩人八田技師、功績たたえ記念公園―台南」（『毎日新聞』二〇一一年五月九日、東京朝刊、一三面）

17 陳崇賢談／台灣商會聯合資訊網「「八田與一紀念園」區在台南市落成啟用，並舉行農民市集精緻伴手禮展售」（<https://www.tcoc.org.tw/articles/20110509-d0305e29> 2011/5/9 閲覧 2019/12/24）／ＴＮＮ台灣地方新聞「八田與一百年情緣～紀念園區將於５／

8落成啟用」（<http://tn.news.tnn.tw/news.html?c=4&id=27347>　2011/4/30　閲覧 2022/8/12）

18　蔡舒湉「中治環境造形顧問・郭中端》信奉近自然工法，人做一半天做一半」（<http://www.housearch.net/to/read?id=1031>　閲覧 2019/ 10/6）

19　郭中端が烏山頭ダム宿舎群の再生に興味を持つようになったきっかけについて、彼女自身も郭中端（二〇一四）の中で記している。郭中端『護土親水 郭中端與她心中美好的台灣』（本事文化、臺北、二〇一四年九月）

20　交通部観光局花東縱谷國家風景區管理處「遺風　移民村散策」（<https://www.erv-nsa.gov.tw/file/127/>　閲覧 2021/1/2）

21　廖中勳談（二〇一八年一一月一六日、玉米的窩民宿にて）／文化部文化資產局「鹿野鄉龍田國小日式校長宿舍及托兒所（<https://nchdb.boch.gov.tw/assets/overview/historicalBuilding/20050929000006>　閲覧 2022/12/17）

22　臺東縣鹿野鄉公所檔案 發文字號：鹿鄉農字第 1010002251 號／筆者が縦管処工務課からメールで回答を受け取ったのは二〇一七年一二月一七日。

23　客家電視台「龍田鹿野神社原址重建 正式落成」（<https://tw.news.yahoo.com/ 龍田鹿野神社原址重建 - 正式落成 -120203923.html>　2015/10/28　閲覧 2020/1/28）

24　野嶋剛「「リノベ」で復活する台湾の日本神社―歴史の中の「自分探し」が背景に」（<https://news.yahoo.co.jp/feature/245>　2016/7/7　閲覧 2020/1/11）

25　交通部觀光局花東縱谷國家風景區管理處檔案（以下、縦管處檔案）檔號：101/22102/02/3/5

26　縱管處檔案「102 年度臺東地區景觀公共設施委託設計及監造技術服務契約書」（副本）契約編號：（102）觀谷工規字第 002 號

27　「縱管處新卸任處長交接 陳崇賢大吐苦水閃辭留下謎團」（『更生日報』<http://www.ksnews.com.tw/index.php/news/contents_page/0000412355>　2013/5/24　閲覧 2019/7/27）／台灣英文新聞「縱谷處長閃辭 陳崇賢：陪父母」（<https://www.taiwannews.com.tw/ch/news/2227492>　2013/5/23　閲覧 2019/4/18）／「卸任縱管處長 陳崇賢婦否認參選」（『中國時報』<https://www.chinatimes.com/newspapers/20130523000735-260107?chdtv>　2013/5 /23　閲覧 2019/7/27）

28　地球の歩き方編集室 編『地球の歩き方 D10　台湾　二〇二〇～二〇二一年版』（ダイヤモンド・ビッグ社、二〇二〇年四月、二五一頁）

第4章　地元住民にとっての日本統治時代の神社——着工後の鹿野村社再建計画

1　はじめに

「神社は処長がやって来て作ったものだよ。[1]」これは、台湾中部・南投出身で高齢の二次移民が筆者に対して語った言葉である。この言葉のとおり、第三章では、二〇一一年から動き出した鹿野村社再建計画の主導者である陳崇賢《チェンチョンシエン》に焦点を当てて、長年の行政経験を有する陳崇賢が、いかにして地方政府や地元住民からの同意を引き出した上で、鹿野村社再建事業の礎を築いてきたのかを論じてきた。本章では、陳崇賢が処長の座を退いた後、着工することとなった鹿野村社再建事業について、再建計画の受容者である地元住民の視点から、地域社会レベルでのミクロな政治過程に着目することとする。その上で、日本統治時代の知識人とその子孫、二次移民とその子孫、そして新移民という三つのコミュニティが存在する龍田村において、それぞれの地元住民が鹿野村社の再建をどのように解釈し、受容していったのかについて論じていくこととする。

　注目すべきは、それぞれのコミュニティの言動の裏側にある「本音」と「建前」である。日本統治時代の神社である鹿野村社の再建に対して、興味が無い者もいれば、興味がある者もいる状況で、それぞれがどのようなロジックを主張して、どのような言動を取っていったのか。一見矛盾しているような言動に思えたとしても、言動の裏側にある「本音」に迫ることで、その疑問は解消されていくはずである。

また、本章では、鹿野村社の再建過程をできる限り詳細に伝えるために、蛇足と思われる出来事についてもなるべく記述しているようにしていることをあらかじめ断っておきたい。もちろん、筆者が大事だと思われる出来事に焦点を当てて論じてはいるものの、「素材」として提供された当時の再建過程を読み進めることは、現在の台湾社会に対する新たな気づきを得る機会となるのではないだろうか。

2　着工直前に行われた政策的調整

「民国一〇二年度景観、公共施設委託設計および施工管理技術サービス」の枠組みの中で検討されてきた鹿野村社再建事業だが、二〇一二年度の時点では、「鹿野神社の復原および周辺環境改善工程（鹿野神社復原與周邊環境改善工程）」の工程名称で検討が進められていた。この名称であれば、鹿野村社の復原工事が行われることが一目で分かる。しかし、最終的に二〇一四年二月一九日に縦管処と施工業者の契約が完了した段階の工程名称は「鹿野地区龍田自転車道公共サービス施設改善工程（鹿野地區龍田自行車道公共服務設施改善工程）」に変更されていたのであった。

ただし、その工程内容を見れば、①神社本体の修復工程、②周辺景観設備および植栽工程、③自転車施設およびガイド・解説設備工程となっており、「鹿野地区龍田自転車道公共サービス施設改善工程」が、鹿野村社再建事業を含んでいることは明確である。しかし、工程の名称から「鹿野神社の復原」という文言が削除され、一見、神社再建事業とは分からないような名称に変更がなされたのである。実際、筆者は行政文書の開示請求を行う際にも、当該計画の名称が「鹿野地区龍田自転車道公共サービス施設改善工程」であったがゆえに、鹿野村社再建計画にまつわる行政文書の収集に非常に苦労した。

これらの変更については、第三章で確認したとおり、二〇一二年六月五日に当時の陳崇賢処長が司会を務めて開催した中間報告会において、龍田村の日本統治時代の建築物の修復および再利用については、サイクリスト向けの休憩所整備計画と関連付けた計画を立てることや、案内標識を設置すること、そして、必要に応じて計画の名称を修正することなどが提言されており、この時の議論を踏まえた検討がなされた結果であると思われる。

さらに、中治《ジョンイエ》が提出した二〇一三年一一月五日に提出された設計図には、「神社」という記載はなく、鹿野村社跡地に「日本式建築」を建てると記載されていたのである。第三章で確認したとおり、陳崇賢自身は鹿野村社の再建は「観光のため」という確固たる信念を持っていたため、「日本軍国主義の賞賛にあたるのではないか」などといった批判は全く恐れていなかったと語っていた。しかし、縦管処としては、台湾においても批判の対象となる可能性のある鹿野神社の再建を実現させるために、着工直前まで政策的な調整を行っていたことが窺える。このような調整を経て、ようやく、中治の設計に基づいて鹿野村社再建事業が行われることが確定することとなった。

また、鹿野村社跡地が鹿野郷公所の所有する土地である以上、縦管処が行う具体的な事業内容に対して鹿野郷公所からの同意を得ることは必要不可欠であった。そのため、陳崇賢があらかじめ林金真郷長に根回しを行っていたとはいえ、洪東濤が陳崇賢の後を引き継いで処長に就任した後も、縦管処と鹿野郷公所は設計協議会の場において、継続的に議論を行った。筆者が確認できる限り、陳崇賢処長の時代も含めると、少なくとも二〇一二年六月五日、一〇月九日、そして、二〇一三年六月一〇日、八月七日に開催されていた。[2] そして、二〇一三年一二月五日、縦管処の事業内容に同意を示した鹿野郷公所は、縦管処が「鹿野地区龍田自転車道公共サービス施設改善工程」のために土地を使用することを許可した。加えて、完工後少なくとも六年間は鹿野郷公所が管理および維持を行うことについても、縦管処と鹿野郷公所の双方は合意した[3]（最終的に完工が遅れたこともあり、二〇一五年一二月一日に縦管処と鹿野郷公所が交わした契約では、二〇二〇年一一月三〇日までの五年間となった）。

3　着工直後の地元住民による抗議活動

以上のように、慎重な検討を重ねながら計画の実行に向けてその準備が進められてきた鹿野神社再建事業は、二〇一四年二月二四日、ついに「鹿野地区龍田自転車道公共サービス施設改善工程」の名称で着工を迎えることとなった。[4] 当初予定されていた工期は二〇一四年八月二日までの一六〇日間で、金額は六二五万元（約二、一九〇万円）での契約となっていた。一部の報道において、縦管処は鹿野村社再建のために五、〇〇〇万元

（約一億七、五〇〇〇万円）の予算を組んだと報じられたがその根拠は不明である。(5)しかし、ようやく着工を迎えた矢先、大きな問題が発覚することとなった。

二〇一四年三月二一日、中治は縦管処に対して、鹿野村社の台座の安全性と耐久性に対する懸念を伝えることとなった。日本統治時代から残存していた台座のそばにあった樹木の移植を行ったところ、台座の木に隠れていた台座の一部分について、消耗が激しかったことが明らかとなったのである。したがって、当初の予定どおり台座の補修工事を行うだけでは、将来的な安全性と耐久性を担保できないとの見通しから、中治は現存する台座を取り壊して新たに建て替えることを縦管処に対して提案した。(6)そして翌二二日、工程は即座に中断することとなり、設計変更の完成を待って再度工事を再開することとなった。(7)程なくして、四月三〇日に工程の施工状況について、品質検査が行われたものの、施工状況について特段問題は見られなかった。また、検査をとおして台座の基礎部分を破壊して新たに建造しなくとも、施工後のひび割れの可能性が少ない無収縮モルタルで補強すれば良いのではないかという新たな提案もなされたのであった。つまり、結局当初の計画どおり現存する台座を残して社殿を再建させる可能性が浮上してきたのであった。(8)

そのような時、縦管処にとっては予期せずして、五月一二日に龍田村民から鹿野神社の台座の取り壊しに反対する、以下の内容の陳情書(9)が提出された。陳情書には、当時、地方議会議員に相当する鹿野郷民代表を務めていた二次移民の子である陳建光を筆頭に、農業組合に相当する鹿野郷農会の元総幹事である潘永豊《パンヨンフォン》（夫）・元台東県議会副議長の林惠就《リンフィジウ》（妻）夫妻といった龍田村外部で社会的に高い地位についていた人々も陳情書に名を連ねていた。陳建光の来歴については第三章で確認したとおりであるが、潘永豊については、鹿野郷農会のメンバーとして龍田村にある茶業改良場台東分場の設立に尽力するなど、龍田村の主要産業である茶葉生産の発展に大きく貢献してきた人物である。したがって陳情書に名前を連ねた人々は、地方議会議員や農会関係者を含めて、彼らはみな龍田村関係者であり、龍田村外部の人間を巻き込んだ反対運動ではなかったといえよう。(10) 提出された陳情書の内容は以下のとおりである。

一、この神社の台座は歴史的な意義を有しており、こうして貴処によって神社が新たに再建されることとなり、この村の住民たちはみな大喜びしております。

二、貴処が新たに再建計画を立てて、日本統治時代の神社の景観とイメージの再生に努めていることは、歴史と文化伝承の面で意義があり、観光客が足を止めて訪れることが期待される歴史文化的な観光スポットにもなるでしょう。だからこそ、現存する台座を取り壊すことは元々の歴史文化の精神と意義の喪失を招いてしまいます。

三、（現存する）台座を基礎として、文化資産である（他の）日本統治時代の建築物を参考にして、台湾東部の日本人移民の信仰を保存する歴史的な観光スポットを建造していただきたく存じます。したがって、台座の取り壊し、古跡の破壊に断固反対いたします。ご検討のほど、よろしくお願いいたします。

四、また、（現在の計画における）鳥居の位置は、元々（鳥居が）存在していたとは場所とは一致しません。

貴処には時期をみて会議を開き、検討していただきたく存じます。

仙人掌郷土工作室の廖中勳《リアオジョンシュン》によると、もともと龍田村の住民の九割ほどの人々は鹿野村社の再建に対して無関心だったのだという。(11)この点については、第三章で論じたとおり陳崇賢が龍田村に持ち込んだ神社再建計画であったこと、そして彼が根回しを行った地元住民が結果的に二次移民たちのみであったことに尽きるかもしれないが、どうして着工後のこのタイミングで陳情書が提出されることとなったのだろうか。その点について、鹿野村社の再建計画を知ったそれぞれの住民コミュニティの反応とあわせて見ていくこととしよう。

まず、陳情書を提出するにあたり、日本統治時代の鹿野村社の姿を復原することにこだわっていたのが、日本統治時代の知識人である邱振郎《チウジェンラン》の子・邱鈺真《チウユージェン》である。再建計画における鳥居の設置場所と材質を知った邱鈺真は、邱鈺真自身が実際に目にした記憶の中の鹿野村社の鳥居のそれらとは異なっていることから、計画の再考を求めることとなった。また、神道において神聖なものとされている榊《さかき》（台湾固有の榊の一種である森氏紅淡比(12)）が台座の脇に立っており、邱鈺真はその榊の保護もあわせて訴えていた（結果的に榊は保存されることとなったものの、再建後に襲来した台風の影響で倒れてしまったとのことで、現在はなくなってしまっている）。日本統治時代に製糖会社で勤務していた邱振郎の子孫である邱鈺真や邱樹蘭が、現在の龍田村においても名声と権力を誇ることができているのは、邱振郎の世代が知識人として日本人居住区に住むことを許されていたからである。鹿野村社は、単なる建築物ではなく、日本統治時代の知識人の子孫のルーツと権威の象徴であるといえるのではないだろうか。つまり邱鈺真にとっては、「台湾東部の日本人移民の信仰を保存すること」こそが重要であったと考えられる。

一方、台座の取り壊しに対して、最も積極的に抗議活動を行った人物といえるのが、新移民の李元和《リーユエンホー》である。李元和によると、邱鈺真と李元和は鹿野神社の再建について全く聞かされておらず、再建工事が着工して、鹿野村社の台座の周りに工事用の柵が立っているのを目にしたことで、鹿野村社で工事が行われることを初めて知ったのだという。

次の第五章において詳しく論じていくが、当時、李元和は日本統治時代の建築物である鹿野区役場の修復活動を主宰していた。そして、その工事の関係で李元和は鹿野村社の設計を担当した郭中端《グオジョンドワン》と話す機会があり、鹿野村社の再建工事が行われること、そして、日本統治時代から残存している台座部分が破壊されて建て直される見通しであることを耳にしたのであった。こうして李元和は、台座が取り壊されてしまうのであれば、鹿野村社が有する歴史的意義を全て失ってしまうことと同義であるとの考えを持つようになり、抗議活動を行うことを決めた。また、李元和は鹿野村社の台座部分には、長らく台座の上に重たいコンクリート製の涼亭が立っていたのだから、それよりも軽い木造の社殿を建てたところで安全性や耐久性に問題はないと考えていたのだという。(13)

この時点で縦管処としては台座の取り壊しを正式に決定していた訳ではなかったが、取り壊しの可能性が龍田村の住民に伝わったことで、縦管処は新たな対応を迫られることになった。二〇一四年五月二六日、縦管処は陳情書で提起された要求に基づいて、崑慈堂《クンツータン》に龍田村の地元住民を招いて、神社修復設計説明および鳥居設置場所協議会（「鹿野地區龍田自行車道公共服務設施改善工程」神社整修設計説明及鳥居設置地點協調會、以下、「住民説明会」）を開催した。住民説明会の名称から、残存する台座部分の取り壊しについてだけでなく、日本統治時代の知識人の子である邱鈺真が主張する鳥居の設置場所についても、主要な論点と位置付けられていたことが窺えよう。

ここで注目すべきポイントは、住民説明会の会場が、二次移民コミュニティの活動拠点となっている崑慈堂であったという点である。しかし、陳情書を見る限り、二次移民コミュニティから提案されたと思われる内容の記述は盛り込まれていない。というのも、二次移民とその子孫たちについては、崑慈堂こそが彼らの団結の象徴であり、すでに、崑慈堂管理委員会が有する村廟組織としての政治的権威に由来する権力を龍田村において充分に発揮している。したがって、龍田村の糖業移民史にルーツを持つわけでもなく、鹿野村社再建事業を契機として龍田村内部における存在感を高める必要もない二次移民たちが、鹿野村社の再建に関与する動機は特になかったといえる。したがって、崑慈堂が住民説明会の会場として選ばれたのは、単に崑慈堂が鹿野村社に隣接しているから、あるいは村廟組織である崑慈堂管理委員会が行政機関との窓口になっているからといった理由が考えられる。

住民説明会においては、まず、縦管処が台座部分の亀裂の状況を踏まえて、将来的な安全性を考慮しつつ、元の姿を大切にして修復することを理念とした上で、復原方式、工法や材料ついて引き続き再検討している状況であり、現在工事は中止している段階であることについて説明を行った。住民説明会開催前の二〇一四年五月一六日の縦管処の内部文書(14)によると、縦管処としては、何よりも台座を取り壊すことは決定事項であるという地元住民の誤解を解くことが必要であると考えていたようである。

続いて縦管処は、今回の計画内容は、あくまで建築物としての鹿野村社を修復し、周辺環境を整備するものであることについて説明を行った。その上で、鹿野村社に神様を祀るかどうかについて議論がなされたが、この点については地元の宗教信仰の問題であるとされ、地元の歴史文化研究者および専門機関の考察を待って、祭祀活動の要否については地元で対処すればよいとの結論が示された。縦管処としては、あくまで「日本式建築」として鹿野村社を復原することを目的としており、宗教施設として、信仰や宗教活動といった面にまで踏み込んでいくような計画ではないことを明確に示したのである。

加えて、縦管処は、神社の「修復」については中冶に委託しており、決して台座を新たに建造するような「再建」ではなく、日本の神社設計の専門家に協力を仰ぎながら、「原汁原味」の風貌を維持しようとしていることについて説明を行った。縦管処としては、陳情書の内容を踏まえて、残存する台座を破壊して新たに建造するものでないことを「修復」と「再建」いう言葉を使い分けて、明確に示したといえるのではないだろうか。

この説明を受けて、地元住民からは、台座の亀裂については最低限の修復にとどめるとともに、全面的な塗装についても反対するとの意向が改めて示されたのであった。

また、縦管処は、鳥居を含む関連施設の設置場所については、二〇一三年六月の協議会などにおいて土地所有権を持つ鹿野郷公所とともに検討し、鹿野郷公所から同意が示されたものであること、そして、二〇一三年一二月五日には、鹿野郷公所と縦管処の間で、土地使用および再建後の維持管理についても合意していることについて説明を行った。その上で、陳情書において指摘されていたとおり、再建計画における鳥居の設置予定場所が、取り壊し前の鹿野村社の鳥居設置場所と異なるのではないかという点について議論がなされた。地元住民からは、鳥居が元々立っていた場所は、台座部分から少し離れた道路である光栄路に面した場所ではないかとの指摘がなされた。しかし、車や歩行者の安全に対する配慮についても考慮する必要があることから、鳥居を取り壊し前の元々の場所に設置するという原則のもと、最終的な鳥居の設置場所や材質などについては改めて協議を行うこととなった。そして、最後に、鹿野村社は龍田村の特色と精神を有していることから、縦管処は地元の意見を尊重してそれらを優先的に採用するという意向を示し、地元との共通認識が得られるまでは敷地内に立ち入って工事を再開しないことを明言した。

以上の住民説明会を踏まえ、縦管処は住民説明会翌日の二〇一四年五月二七日に内部文書(15)を作成し、住民説明会の総括を行っている。縦管処としては、安全面を考慮して設計計画の変更を行っている最中であること、そして台座の損傷発覚前の設計図および変更中の設計計画においても台座の取り壊しについて一切言及しておらず、台座の取り壊しは決して決定事項ではないという縦管処の立場をしっかりと示すことができたと考えていたようである。また、台座や鳥居の設置場所、工法および材質については一定の地元住民との共通認識を得ることができたと考えていたようである。したがって、縦管処としては陳崇賢による着工前の非公式な二次移民たちとの折衝に加えて、陳情書の提出を受けて、公式な住民説明会を開催して、日本統治時代の知識人の子孫や新移民たちも含めた龍田村の住民と意見交換を行い、地元の理解を得られるように努めてきたのである。

しかし、住民説明会当日の二〇一四年五月二六日と翌日二七日に、縦管処としては想定外の内容の報道が出てしまうこととなった。縦管処は内部文書において、それぞれの新聞に掲載されている関連記事を切り抜いて保存するとともに、それらの新聞記事に対する縦管処工務課の考えを記して整理を行っている。その内部文書によると、縦管処が報道の内容について問題視したのは、龍田村の住民を交えた住民説明会において、縦管処と地元住民との間で共通認識を得たはずだったにもかかわらず、報道においてはそのことに対する記述がほとんどなかった点である。加えて、住民説明会の内容や様子を報じる各社のスタンスはそれぞれ異なっており、鹿野村社の再建事業においてプラスになることはないと明記されていた。

そして、最も注目すべきポイントは、これらの報道において、縦管処は当初台座を取り壊すことはせず、修復を行うことで対処する予定であり、着工後に台座の強度不足が明らかになったことで建て直しも含めて再検討されたことは一切報じられていなかったという点である。また再検討を踏まえた計画の見直し後においても、台座の破壊が決定事項ではなかったこともほとんど報じられておらず、『新浪新聞』のみが「台座の取り壊しが決定事項であるというのは地元住民の誤解であった」ということを報じていたのであった。それ以外の報道においては、「地元住民の意思を確認せずに鹿野村社の台座を壊そうとするなど、元の姿を復原させることを重要視していない縦管処と、台座の破壊を食い止め、さらには鳥居の位置に対しても積極的な意見を出して、より正確な歴史検証を求める熱心な地元住民」という構図の報道内容が大勢を占めていた。したがって、地元住民の立場に立った報道が目立っており、これらは縦管処にとっては不本意な報道のされ方であったことは間違いないであろう。

では、どうして縦管処にとっては不利な報道が数多く出てしまったのだろうか。台座の取り壊しについて最も積極的に抗議していた地元住民のうちの一人である新移民の李元和がその理由のひとつを筆者に明かしてくれた。李元和はこのような住民説明会は、報道陣を呼んでこそ「意義」があると考えており、住民説明会に顔なじみの記者を呼んでいたのだという。それでも顔なじみの記者だけでなく、テレビ局の取材が来ていたことは李元和にとっても驚きであった。それ以上に、住民説明会を主催した縦管処職員は報道陣が来ること自体を全く想定していなかったようで、報道陣の姿を目の当たりにした縦管処職員は、「どうして報道陣が来たのか」と苦笑いを浮かべていたのだという。

そして、李元和が考える報道陣を呼ぶことの「意義」とはどのようなものだったのだろうか。まず、報道陣が住民説明会の内容を全て記録しているため、李元和をはじめとする地元住民から出された提案を縦管処職員が安易に拒否することが極めて難しくなったのだという。さらに、李元和の顔なじみの記者が取材しているということで、李元和側の意図に沿った内容の報道が出ることを期待していた。そうなれば世論は龍田村の住民側に傾き、縦管処は台座を取り壊さないことに同意せざるを得なくなってしまうと考えていたのである。つまり、報道を活用して世論を味方につけることで自分たちの希望を実現させることこそが、李元和にとっての「意義」だった。

改めて縦管処の内部文書に目を向けてみると、当該文書のまとめとして、縦管処が持っている問題意識が端的に記されている。それは、工事の着工後の段階において台座の取り壊しや鳥居の設置場所に対する抗議活動が展開されている状況について、地元として共通認識が明らかに不足しており、地元としての意見がまとまっていないことが事業の進捗状況に多大なる影響を与えているということである。第三章で論じた陳崇賢の地元住民と鹿野郷長に対する非公式な根回しに加えて、縦管処と鹿野郷公所はこれまでに設計協議会を何度も開催した上で、事業内容と土地使用について正式な同意を交わしていたことは前述のとおりである。それにもかかわらず、すでに着工している段階において、未だに現職の鹿野郷民代表や元台東県議会副議長、元鹿野郷農会総幹事までもが参加した抗議活動が地元で展開されている現状を受けて、縦管処は地元の意見を集約しきれていない鹿野郷公所に対する不満を抱いていたのである。

鹿野郷公所が地元の共通認識形成に向けて全く努力していなかったのかといえばそうではないのかもしれない。鹿野郷公所職員の洪飛騰《ホンフェイトン》は龍田村の人間関係を「非常に複雑な人間関係」と評した上で、龍田村民とコミュニケーションを図ることの難しさを語っていた。鹿野郷公所から龍田村において今後実行したい施策に対する同意を得ようと話し合いの場を持ったとしても、基本的には批判的なスタンスで話を聞いてくるようである。それでも繰り返し説明することで龍田村の住民から、何とか施策に対する理解を得ているのだという。(16)とはいえ、縦管処としては、そのような事情を知る由もなく、今後は縦管処から改めて鹿野郷公所に協力を要請しながら、地元における共通認識の形成に取り組んでいくこととしたのであった。

4　地元住民との和解、そして鹿野村社の再建完了へ

このように住民説明会の前後では報道の内容も相まって混迷を極めた状況であったが、縦管処の取り組みの成果もあってか、事態は収束の方向へと向かっていく。二〇一四年六月一八日に地元住民側から改めて縦管処に対して陳情書が出されたが、その内容は台座部分を取り壊さないという条件付きで地元住民も鹿野村社の修復に同意するという意思を示すとともに、社区における文化事業の発展のため、決められた工期に沿うようになるべく早期の工事再開を要望するものであった。(17)ここで興味深いのは、当初提出された台座取り壊しに反対する陳情書においては、李元和や妻の謝曉香《シェシアオシアン》、さらには林義隆《リンイーロン》や張鉦榮《ジャンジェンロン》といった新移民コミュニティの中

鹿野村社と崑慈堂の金炉（筆者撮影、2017 年 11 月 15 日）

心人物が、陳情書の上段に署名をしていたものの、今回の修復に同意する陳情書においては、李元和は陳情書の下段に署名を行い、謝曉香や林義隆、張鉦榮に至っては、署名さえもしていなかった。その一方で、陳崇賢と直接話をしたとされる崑慈堂管理委員会の人物は、当初の陳情書には署名せず、今回の修復に同意する陳情書は署名を行っており、陳情書の提出においても、新移民と二次移民たちとの立場の違いが如実に現れているといえよう。

地元住民側が歩み寄りを見せる一方で、縦管処も住民説明会で地元住民から提起された意見を踏まえた設計変更に取り組んでいた。二〇一四年六月一二日に中冶が第一次設計および予算変更書の原案を作成すると[(18)]、同年六月二三日、縦管処はその内容について検討を行い、変更案を承認する最終決定を下した。変更後の計画においては、台座全体を新たに建て替えるのではなく、さらに台座表面の全面的な塗装も見送って、元の姿を保存するために、無収縮モルタルによる部分的な補修のみで対処することが決定したのである。そして、台座を建て替えない代わりに社殿の軽量化を図る必要が生じたため、当初六二五万元（約二、一九〇万円）であった工事費が八三四万元（約二、九〇〇万円）に増加するとの見通しが示された。また、工期も当初の一六〇日から三〇日間延長されて一九〇日間とされた。(19)

そして、この第一次設計および予算変更書の内容を鹿野郷公所や地元住民たちと共有するために、二〇一四年七月九日に神社修復設計説明会（「鹿野地區龍田自行車道公共服務設施改善工程」神社整修設計說明會）が鹿野郷公所で開催されることとなった。出席者は縦管処の担当者や鹿野郷公所の担当者、中冶の郭中端、当時の陳濯源《チェンジュオユエン》龍田村長、当時龍田社区発展協会総幹事を務めていた張麗珍《ジャンリージェン》らであり、司会を務めたのは洪東濤《ホンドンタオ》第六代縦管処長であった。今回の神社修復設計説明会については、縦管処と地元住民の間に残されていた課題について、縦管処における検討結果を報告するという意味合いが強い会合となった。

神社修復設計説明会においては、設計および施工の監督を担当する郭中端から詳細な説明がなされた。まず、鹿野村社修復の意義について郭中端は「龍田地区は初期の東部日本人移民村の一つで、中でも神社は移民村の精神を代表するものである」と語った上で、「龍田神社（鹿野村社）を修復して保護していくことには前向きな意義があり、周辺の観光の発展をもたらすこともできる」と述べた。(20)縦管処による鹿野村社再建が始動した当初、陳崇賢が掲げていた鹿野村社の再建目的は「日本味道」を活かした観光ルートの確立であった。(21)しかし、二〇一四年五月一二日の陳情書や同年五月二六日の住民説明会において、龍田村の住民が繰り返し言及していたのは、龍田村が持つ日本人移民村としての歴史・文化や日本人移民の信仰の中心であった鹿野村社が有する精神的な部分を守りたいという思いであった。実際、筆者が二〇一七年から二〇一九年にかけて断続的に地元住民に対して行った聞き取り調査においても、鹿野村社に対して観光振興効果を期待する声はほとんど聞こえてこなかった。したがって、今回の神社修復設計説明会という地元住民に対する「内向き」の説明においては、観光の発展という側面よりも、文化や精神を含めた歴史を守るという目的を優先して押し出したのではないだろうか。

そして、使用する木材についての説明を行い、本来台湾産の檜《ひのき》を使用したいところではあったものの、入手が困難で価格も高騰していることから、外国産の檜を使用するという方針を示した。具体的に、社殿の材料については、台座部分の耐久性に不安が残ることから軽量化が求められていることを鑑みて、台湾産の檜よりも軽く、台湾産の檜と同様に質の良い日本産の檜を使用し、鳥居の材料については、直径の長い檜を使用する必要があることからベトナム産の「檜」（フッケンヒバ）を使用する考えであることを明らかにした。また、台座部分については亀裂が走っている部分を無収縮モルタルで補修したとしても構造上の問題がないことの確認が取れていることを改めて明言した。さらに、鳥居の設置場所については周辺の景観との協調性を考慮して、日本統治時代にもともと建っていた場所よりも西側に設置する考えを示した。(22)

最終的に、これらの説明を受けた龍田村の代表者である陳濯源と張麗珍は、縦管処が台座部分を破壊しない

のであれば工事をできる限り早く再開してほしいとの意向を示し、神社修復設計説明会は終了したのであった。(23)

こうして、ようやく縦管処と地元の共通認識が形成されたことで、工事再開に向けた動きは加速していくこととなった。その後、第一次変更設計議定書の完成を待って、(24)ついに二〇一四年一〇月三日、正式に「鹿野地区龍田自転車道公共サービス施設改善工程」の工事再開が決定した。工期は二〇一五年三月一二日までの一九〇日間で契約金額は八三九万五、三六三元（約二、九三八万円）となった。(25)工事が再開すると、まずは台座部分の修復と社殿の建築を中心に工事が行われ、工事は順調に進行していた。しかし、二〇一五年一月一八日に地元住民からに新たな陳情書(26)が提出されることとなった。陳情書の内容は以下のとおりである。

龍田村の村民は縦管処が龍田村の歴史的景観を再現していることを強く支持しており、観光の発展のために尽力していただいていることに対してこの上なく感激しております。本工程では神社等の施設のみが完成しておりますが、周辺環境の整備に関する施策は行われておりません。縦管処には引き続き、当時の写真を参考にするとともに、必要な経費を組んだ上で、神社周辺環境と関係施設の整備を行っていただき、鹿野村社のかつての雰囲気を取り戻すことで鹿野郷の観光活動を盛り上げてください。

今回の陳情書については、これまでの陳情書よりも形式が整っており、日本統治時代の知識人の子孫、二次移民とその子孫、そして新移民がバランス良く署名する形となっていたのだが、縦管処の対応は冷静そのものであった。というのも、そもそも「鹿野地区龍田自転車道公共サービス施設改善工程」は神社の修復工事以外にも、石灯籠や鳥居の新設に加えて、ソテツの植栽、鳥居から社殿へと続く砂利道の整備や自転車ラックや解説板の設置なども含んでいたのである。縦管処としては二〇一五年三月末の完工予定までにそれらを順次整備していくつもりであったため、その旨を同年一月二八日に地元住民側に伝えることで縦管処の対応は完了している。(27)最初に出された台座部分の取り壊しを求める陳情書だけでなく、今回の社殿以外の周辺環境の整備を求める陳情書については、単に地元住民側の早とちりとも受け取れるが、毎回「後出しじゃんけん」のような形で抗議や要望を繰り返していることを鑑みると、意図的にそのような戦略を取っている可能性も否定できない。一方で、縦管処の計画を地元住民が把握しきれていない状況が続いているのは、縦管処の地元住民に対する説明不足が露呈している部分は否めないだろう。しかし、この後は目立ったトラブルが起きることはなく、工事は三月二〇日に完了したのであった。(28)

工事が完了を迎えたことで、縦管処によって完成した建造物の確認作業および評価作業が行われていくこととなる。縦管処はこの評価作業過程において、改めて再建・修復工事を終えた鹿野村社が日本統治時代の姿に忠実であるのかどうかを慎重に検討している。例えば、二〇一五年三月二六日、縦管処は中冶に対して石灯籠の設置場所を決めた理由の具体的な説明を求めている。(29)縦管処としては、日本統治時代の景観を再現することに重きを置いており、日本統治時代の鹿野村社には存在していなかった可能性が高い石灯籠の設置に対して疑問を抱いたと思われる。中治は回答までに時間がかかったようで、同年五月一五日になって、ようやく今回の事業で石灯籠を設置するにあたり、三つの観点から検討を行い石灯籠の設置場所を決めたことを文書で回答している。

一点目は、日本統治時代における鹿野村社の社格の観点である。中治によると、当時、鹿野村社は無格社に位置付けられており、石灯籠の設置場所に関する規則はなかったのだという。したがって、今回新しく設置するにあたり現場の地形や状況を鑑みて任意の場所に設置しても問題はないと判断した上で、現場検証で判明した崑慈堂の金炉（宗教活動に使用する炉）が鳥居付近にあるという事実を踏まえて、崑慈堂の祭祀に干渉するのを避けるために石灯籠と金炉が一直線上にならない場所に石灯籠を設置することを決めたとのことである。鹿野村社の社格について、夏黎明（二〇〇七）や趙川明（二〇〇四）といった一部の文献においては、鹿野村社は台湾総督府が府令で定めた狭義の神社の中で最低ランクにあたる無格社であると論じているものの、第二章で確認したとおり、台湾総督府が出版している臺灣總督府文教局社會課（一九四〇）において鹿野村社は社に分類されており、無格社であるという整理は誤りである可能性が高い[30]。とはいえ、社もまた、無格社と同じく石灯籠の設置場所に関する規則を有しておらず、中治が任意の場所に石灯籠を設置しても問題はなかったといえる。

二点目の観点は、日本統治時代において周辺地域に存在していた他の神社との比較である。再建前の鹿野村社と同じく、台座部分のみが現存している台東県長濱郷の加走湾《かそわん》神社（加走湾祠とも）の昔の写真が保存されており、その写真の中では石灯籠が鳥居の後方かつ神社の前方に設置されていることを確認したという。金子展也（二〇一八）によると、加走湾神社も鹿野村社と同じ祭祀パターンだったといい、現在においても社殿の台座部分および石灯籠の土台部分が辛うじて残存しているとのことである。(31)

そして、三点目の観点は日本の神社や寺院との比較である。中冶が指標として最も参考になると判断した伊勢神宮の事例では鳥居の前方には決して石灯籠は設置されていない一方で、比叡山延暦寺の事例では寺院の前方に石灯籠が設置されていないのだという。このことから日本においても石灯籠の設置場所に関する決まりはないことを確認したのだという。(32)

したがって、中冶は鹿野村社において新たに石灯籠を設置するにあたり、まずは、神社の社格の観点や、伊勢神宮に加えて、もはや神社ではない比叡山延暦寺の例を参考にした上で、任意の場所に石灯籠を設置しても問題がないことを確認したのである。そして、加走湾神社の石灯籠の設置場所を参考にするとともに、崑慈堂に隣接しているという鹿野村社固有の事情を考慮した上で、鳥居の後方かつ社殿の前方の場所、つまり鳥居と社殿の間に石灯籠を設置したという説明を行ったのである。ここで筆者が強調したいのは、台湾において日本統治時代の神社が再建されるにあたっては、社殿だけでなく、石灯籠の設置場所といった周辺施設についても様々な検討が重ねられたという点である。

また、その他の周辺施設について、当初の陳崇賢の構想では、手水舎と手水鉢を設置したかったようである。

除幕式の様子（「鹿野神社重現 84 年前風貌（2）」中央社、2015 年 10 月 28 日）

しかし二〇一五年時点では手水鉢は設置されず、陳崇賢は残念であると語っていた（二〇二〇年になって設置された）。その後も縦管処は、このようなチェックを何度も行っていき、当初の契約内容と実際の施工内容で異なる部分があれば、その都度中冶に対して改善要求を行い、中冶が改善もしくは個別事情の説明を行うなどの対応を取るという過程を繰り返していった。そして、ついに二〇一五年七月一七日、「鹿野地区龍田自転車道公共サービス施設改善工程」の最終的なチェックが終了することとなった。結果的に工事費用は契約金額をわずかに上回る八三八万九、〇八〇元（約二、九三六万円）となった。[33]

二〇一五年一〇月二八日には除幕式が開催された。多くの報道陣も訪れた除幕式には洪東濤縦管処長や、二〇一四年一一月に行われた郷長選挙において無所属の陳建光らを破って当選した国民党籍の李國強《リグオチャン》鹿野郷長、郭中端・堀込憲二夫妻、中冶の要請を受けて日本から木材を調達した水口木材株式会社の水口尊・透太親子[35]らに加えて、陳濯源龍田村長、龍田社区発展協会総幹事の張麗珍ら地元住民たちも参加した[36]。除幕式では記念品や軽食が準備されたほか、小学生による太鼓の演奏なども行われた[37]。

ここまで、縦管処の行政文書や地元住民への聞き取り調査を中心に、鹿野村社再建事業が完了するまでの過程を論じた上で、地元住民がどのように鹿野村社の再建を受容したのかを明らかにしてきた。台座部分の強度不足発覚による工事の一時中断だけにとどまらず、地元住民から数度にわたって出された陳情書や縦管処にとって不利になるような報道は、施策の実行者である縦管処を悩ませるものであった。それでも、縦管処は、協議会や説明会を開催することにより、地元側のアクターである鹿野郷公所や龍田村の住民との共通認識の形成に努めていくことでひとつずつ問題を解決していたのであった。その結果、鹿野村社の再建は完了し、除幕式も開催されたのである。

5　地元住民の鹿野村社再建をめぐる言動の裏側

(1)　龍田村に溶け込みたい新移民

ここまで論じてきたとおり、鹿野村社再建をめぐる地元住民の動きのなかで、最も目立っていたのが、李元和を中心とする新移民の、台座の取り壊しに対する抗議活動への積極的な参加であった。そこで、ひとつの疑問として浮かび上がってくるのが、どうして新移民たちは、それほどまで熱心に抗議活動を繰り広げたのであろうか。その答えを導くヒントとして、陳建光は「鹿野村社再建に反対する人はいたのか」という筆者の問いに対して次のように答えている。

民主主義の台湾において、神社の再建に反対する人がいないなんてことはありえない。もし反対する者がいるとすれば、それは神社再建自体について批判する理由があるわけではなく、むしろ、社区の内部に原因があるのだ。

つまり、李元和が熱心に抗議活動を行っていた表向きの理由は、日本統治時代の神社の歴史的意義を守るという点にあったのかもしれないが、本当の理由については、龍田村の「台湾の縮図」ともいえる重層的な移民社会がもたらす各コミュニティ同士の関係性がその背景にあったと筆者は考える。実際、陳崇賢は二次移民コミュニティの有力者の説得に成功したと感じた段階で、龍田村民に対する根回しは完了していると認識していたが、新移民や日本統治時代の知識人の子孫は鹿野村社の再建について了知していなかった。また、陳崇賢が二次移民コミュニティの有力者に期待していた、他の住民からの反発を抑えるという役割は機能しきれていなかった。

そのような状況において、李元和をはじめとする新移民は、二次移民たちのように鹿野村社に隣接しているわけではなく、日本統治時代の知識人の子孫のように、龍田村が有する日本人移民村としての歴史に自分たちのルーツがあるわけでもないものの、自分たちが「蚊帳の外」として進められていた鹿野神社の再建事業について、爪痕を残して影響力を誇示するべく、抗議活動を行ったといえるのではないだろうか。そして、最終的にはメディアを利用して、自分たちを日本統治時代の知識人の子孫と並ぶ「郷土の歴史や文化を重んじる住民」として位置付け、龍田村の内外で存在感を示すことに成功したといえよう。実際のところ、当初縦管処も台座を取り壊す予定はなかったが、工事の途中で強度不足であることが判明したために、一時的に取り壊される可能性が浮上しただけであった。それにもかかわらず、再建後の除幕式に関する報道においては、「もともと取り壊される予定であった鹿野村社が、地元住民が過去数年間にわたり保存活動を熱心に行った結果、再建が実現した」という形で報道された。そして、地元住民としてテレビ局の取材を受けているのは、二〇〇二年に龍田村に移住した新移民の男性であり、彼が「我々は勇気を持って歴史を直視している」と語っているのが、その最たる例である。つまり、新移民たちが注目したのは、日本統治時代の神社が有する「日本らしさ」などではなく、日本統治時代の知識人の子孫が有する権力や影響力であったと分析することができるのではないだろうか。したがって、台座を補修する形で再建された鹿野村社は、郷土の歴史や文化への理解を示した上で、地域社会における影響力を高めながら積極的に地域活動に関与しようとする新移民の一種のアイデンティティが視覚化されたものであるといえよう。

（2）地方議会議員としての「面子」

実のところ、前述の三つの陳情書のその全てにおいて、二次移民コミュニティに属し、当時鹿野郷民代表を務めていた陳建光らが、代表の立場として最上部に署名を行っていたのである。陳建光の話を聞く限り、新移民の李元和と対立しており、陳情書に署名することには矛盾が生じるように思われるが、実はそうではない。前述のとおり、陳崇賢は地元住民の理解を得るために二次移民たちとの折衝を行っていたが、それと同時に鹿野郷公所とも折衝を行っていた。鹿野村社の土地は鹿野郷公所が所有権を持っていたため、土地の使用許可を得るためにも陳崇賢は当時の林金真郷長と交渉したのである。交渉の結果、鹿野郷公所の資金不足がゆえになかなか実行できていなかった緑美化事業を、縦管処が神社再建と抱き合わせて行うこととなった。さらには、鹿野村社再建事業の手柄については、政治家ゆえに政治的功績を作る必要がある林金真郷長のものとされたのである。具体的には、実際は縦管処の陳崇賢が林金真郷長に持ちかけた鹿野神社の再建事業だったが、形式上は「鹿野神社の再建を含めた観光事業は縦管処が主導したものではなく鹿野郷公所が発案したものである」という形が取られることになった。

その上で、洪東濤処長は、再建された鹿野村社の除幕式において、歴史的建築物の保護に熱心な地元住民の声を受けた鹿野郷公所は鹿野郷民代表会の同意を得た上で、縦管処に提案したことで再建工事を行うことができたと述べている。[38] つまり、鹿野郷民代表である陳建光らの力がなければ、鹿野神社の再建を実現させることはできなかったという構図にもなっているのである。陳建光は、行政機関との窓口となっている崑慈堂管理委員会の主要メンバーであることから、二次移民コミュニティの代表者として鹿野郷公所と交渉を行ったという側面も否定できない。しかし、陳情書においては、「鹿野郷民代表」の肩書きで署名していることを鑑みると、地方議会議員である鹿野郷民代表としての立場から、新移民をはじめとする龍田村民の声を吸い上げて、地元住民たちよりも一段高いフェーズにおける政治的権力を用いて、鹿野郷公所や縦管処の間の調整役としての役割を充分に発揮していることを示すためにも、陳情書への署名は必要であったと考えられるのではないだろうか。

6　まとめ

鹿野村社の再建過程においては、紆余曲折がありながらも、中央政府や地方政府、そして地方議会議員や龍田村の地元住民が、それぞれの立場における面目を保った上で、鹿野神社の再建は実現されたのである。

前述の住民説明会の時点では、鹿野村社で祭祀活動を行うかどうかの結論は先送りにされていたものの、最終的には、再建された鹿野村社はあくまで観光スポットであるとして、日本統治時代に祀られていた開拓三神や北白川宮能久親王は祀られず、社殿の中には一枚の鏡のみが設置された。この鏡には、「拝む」対象は自分自身であり、あらゆる事柄の一切の理由は自身にあることを自覚して、自分自身と向き合うという意味が込められているのだという。したがって、鹿野神社において表立った祭祀活動は行われないということで、大きな批判を受けることはなかった。鹿野村社の再建後、一時的に「鹿野神社日本人保存会」という団体が組織され、日本から宮司を招くなどして祭祀活動を行ったほか、賽銭箱の設置を検討していたようであるが、現在そのような活動は行われていないようである。(39)

以上のとおり、縦管処にとっては、事前に陳崇賢第五代処長が非公式な根回しを行ったり、公式な設計協議会を開催したりしていたことから、工事の着工後に新移民をはじめとする地元住民から抗議活動が行われたことは予想外であったことは事実である。しかし、最終的にはそのような抗議活動についても、結果的に、縦管処は「熱心な地元住民の声」として利用することに成功し、当初から陳崇賢が描いていた、「本音」としては縦管処が主導してはいるものの、「建前」としては「地元の要望を受けて縦管処が再建する」という構図を構築した上で、鹿野神社の再建を実現させるというストーリーは見事に完結したのであった。そして、台湾東部の山側地区の観光産業を発展させることがミッションの縦管処にとって、鹿野村社はあくまで観光スポットであり、社殿の建築においては、陳崇賢が信頼するデザイナーが日本の宮大工を招くなどして、本格的な「神社様の建築物」を建てることに注力したのである。

また、地元住民にとってみると、自身のルーツに関係のある日本統治時代の知識人の子孫は、日本人移民の信仰活動に基づく鹿野神社の神聖性を重視した上で、かつての記憶を思い起こさせる存在として、「榊」の保護や鳥居の位置や材質にこだわって、日本統治時代の姿のままで再建することを望んでいた。一方、戦後初期に流入してきた二次移民とその子孫にとっての信仰の対象は道教であり、その宗教的かつ政治的に由来する権力に基づき、村内政治において大きな影響力を発揮していることから、鹿野神社は、あくまで崑慈堂の隣に存在しているものという位置付けに過ぎなかった。ただし、二次移民のなかでも鹿野郷民代表を務めていた陳建光は、地方議会議員としての立場から鹿野神社の再建に一定の関わりを見せていたと言える。そして、龍田村において「新参者」である新移民は、自らの存在を日本統治時代の知識人の子孫と並ぶ「歴史文化を重視する地元住民」として位置付けて、台座の取り壊しに対する抗議活動を行うことで龍田村の内外に存在感をアピールする機会を獲得したといえよう。

したがって、本章においては、台湾では往々にしてトップダウンである文化資産の整備に際して、地元住民が文化資産に対して意味を見出だしていく過程を明らかにすることができたこと、そして、その過程において日本統治時代の歴史の連続性が与える影響について示すことができたことが、大きな成果であるといえるのではないだろうか。

1　男性地元住民談（二〇一八年一二月一八日、崑慈堂にて）

2　縱管處檔案 檔號：103/22202/05/2/1

3　縱管處檔案 發文字號：冶縱字（101）第177-124號、「土地使用同意書」（2013/12/5 作成）／縱管處檔案「設施認養契約書 臺東縣鹿野郷龍田村日本神社認養」（二〇一五年年一二月一日）契約編號：（104）觀谷鹿約字第003號

4　縦管處檔案 檔號：103/22202/05/1/10
5　中央社フォーカス台湾「日本時代の神社を復元へ 新たな名所誕生に期待／台湾・台東」(<http://japan.cna.com.tw/news/atra/201405260008.aspx> 2014/5/26 閲覧 2020/1/13)
6　縦管處檔案 檔號：103/22202/05/1/42
7　縦管處檔案 檔號：103/22202/05/1/44
8　縦管處檔案 檔號：103/22202/05/1/59
9　縦管處檔案「堅決反對龍田村日據時代神社基座拆除乙案」括弧内の内容については筆者が補足説明のために加筆している。
10　潘永豐紅烏龍自然農法實驗茶園「關於潘永豐」(<https://liatea.qdm.tw/product/category&path=1> 閲覧 2019/12/29)
11　廖中勳談（二〇一八年一一月一六日、玉米的窩民宿にて）
12　洪飛騰談（二〇一八年一一月一五日、臺東縣鹿野數位機會中心にて）／「保留基壇 鹿野神社原貌復建」(『自由時報』< https://news.ltn.com.tw/news/local/paper/782502> 2014/5/27 閲覧 2022/12/17)
13　李元和談（二〇一九年一月一八日、鹿野區役場にて。以下、李元和が語った内容については全てこの聞き取り調査に基づいて論じるものとする。）
14　縦管處檔案 檔號：103/22202/05/1/62
15　縦管處檔案 檔號：103/22202/05/2/1
16　前掲 洪飛騰談（二〇一八年一一月一五日）
17　縦管處檔案 檔號：103/22202/05/2/16
18　縦管處檔案「鹿野地區龍田自行車道公共服務設施改善工程」第一次變更設計預算書圖」
19　縦管處檔案 檔號：103/22202/05/2/12
20　縦管處檔案 工務課：1030200468
21　陳崇賢談（二〇一八年一二月一七日、臺東航空站にて）
22　縦管處檔案 工務課 1030200468

23　縦管處檔案 檔號：103/22202/05/2/15

24　縦管處檔案 檔號：103/22202/05/2/25

25　縦管處檔案 檔號：103/22202/05/3/19

26　縦管處檔案「鹿野郷龍田村鹿野神社修復民眾陳情案」

27　縦管處檔案 發文字號：觀谷工字第 1040200075 號

28　縦管處檔案 檔號：103/22202/05/5/1

29　縦管處檔案 檔號：103/22202/05/4/20

30　夏黎明 總編纂『鹿野郷志』（上・下）（臺東縣鹿野郷公所、臺東、二〇〇七年八月）／趙川明「龍田村史」（李美貞 編『龍田郷土文化生態解説手冊』龍田蝴蝶保育推廣協會、臺東、二〇〇四年一一月）／臺灣總督府文教局社會課 編『臺灣に於ける神社及宗教昭和十四年度』（臺灣總督府文教局社會課、一九四〇年一月）

31　金子展也『台湾に渡った日本の神々　フィールドワーク日本統治時代の台湾の神社』（潮書房光人新社、二〇一八年五月）

32　縦管處檔案 檔號：103/22202/05/5/2

33　縦管處檔案 工務課 1040200642

34　縦管處檔案 工務課 1040000847

35　実際に施工平面図を書いたのは水口透太であるとの報道も見られる。「台日合作鹿野神社復建落成」（『中國時報』（二〇一五年一〇月二九日、B2版）

36　除幕式参加者の役職は、全て除幕式当時のものである。

37　縦管處檔案 工務課 1040200974、1040201042

38　星欒媒體整合行銷「20151105 消逝的鹿野神社原地重建成亮點」（<https://youtu.be/wR04rcfmlLc> 2015/11/5 閲覧 2021/9/24）

39　鹿野神社日本人保存会（<https://www.facebook.com/pages/category/Community-Organization/鹿野神社日本人保存会-111628623514862/> 閲覧 2020/1/11）

第5章　「よそ者」にとっての日本統治時代の建築物

――鹿野区役場の修復と新移民コミュニティ

1　トップダウン型の歴史的建築物保存活動が主流な訳

第二章から第四章までは、かつての糖業移民村である龍田村において「空白の場所」となっていた鹿野村社が、最終的には中央政府の地方機関の主導によって再建されていくミクロな政治過程について、キーパーソンの役割や言動に焦点を当てながら、その相互作用を明らかにした上で議論を進めてきた。その結果、日本統治時代の神社を観光スポットとして再建させるための中央政府側の戦略と、地元の政治家や住民たちが自分たちの面目を立てるための行動を取りながら、鹿野村社の再建を受容していく姿が明らかとなった。

そして、鹿野村社の再建において、地方政府や龍田村外の民間組織、中央政府は、それぞれでタイミングや時期は異なるものの、鹿野村社の再建を主体的に検討する姿勢が見られたことは前述のとおりである。しかし、地元住民は鹿野村社の再建については、政策の受容者であり続けたのである。一方、龍田村においては、鹿野村社のほかにも、日本統治時代の行政機関の庁舎である鹿野区（庄）役場が「空白の場所」となっており、龍田村の三つのコミュニティのなかでも、特に龍田村に流入してきた時期が最も遅い新移民コミュニティが主体となって、行政機関の援助を一切受けずに鹿野区役場の再利用を行っているのである。実は、台湾において、行政機関などの力を借りずに、地元住民のみで歴史的建築物の保存活動を行っている例は、それほど多くない。台湾北部・新北市の「四連棟」と呼ばれる日本家屋修復事例の研究を行っているChiang Min-chin（二〇〇七）は、台湾においてボトムアップによる住民参加型で歴史建築の保存活動を行うことは難しく、行政主導によるトップダウン型の保存活動が主であり、行政側の外部の観光客からの評価を高めたいという思惑や、政治家の得票に結びつけたいという思惑など、否が応でもそれぞれの立場の人々が、なんらかの意味を活動に付与させようとすること、そして、とりわけ植民地期における差別の象徴となるような歴史的な建築物や場所の解釈は、それら自体の物理的な形式と、現在を生きる人々が置かれた文化的な文脈の狭間でなされるのだといい、そのような建築物にかかわる「過去」を再構築する難しさを指摘している。(1)

ここまで論じてきた鹿野村社の再建については、まさにChiangが指摘するような事例であるといえよう。行政機関の主導により進められた鹿野村社の再建事業において、政治家たちの集票活動や「面子」を保つ行動が見られるとともに、龍田村の住民による抗議活動の結果、計画の修正が検討されることとなったのである。また、地元住民たちは、鹿野村社の再建を何かしらの契機にすべく、「本音」と「建前」を使い分けながら、それぞれのコミュニティにおいて、鹿野村社の解釈を行った上で、鹿野村社の再建を受容していったのである。しかし、コミュニティ活動が盛んに行われるとともに、文化資産の保存活動が活発に行われている台湾において、ボトムアップによる住民参加型の歴史建築の保存活動を行うことが難しいというのは一体どういうことなのであろうか。その答えは、台湾全体の戦後史と一九九〇年代以降の国民統合政策に隠されている。

戦後初期、中国共産党との戦いに敗れて台湾に敗走した国民党は、日本による植民地統治を否定するとともに、いずれ「反共復国」を成し遂げて中国本土を治めることを前提としていた。そのため、自分たちこそが「正統中国国家」であるとの立場に立って、台湾の「中国化」政策を進めていった。具体的には、学校教育やマスメディアなどを通して、戦前より台湾に居住していた本省人を、戦後より台湾に住む外省人に同化するための政策を推し進めていったのは前述したとおりである。しかし、その後、党外勢力と呼ばれた国民党以外の勢力の拡大とともに台湾社会の民主化が進むにつれて、国民党が長らく掲げてきた「中国化」による国民統合理論は力を失っていった。そして、一九八八年に李登輝が本省人初の総統に就任するなど、台湾の政治構造における外省人の政治的優位性が失われる状況下において、新たな国民統合理論が登場することとなった。

まず一つ目の新たな国民統合理論が、多文化主義である。第一章で確認したとおり、台湾社会には本省人、外省人、客家人、そして原住民族の四大族群が存在していると整理されている。そのような前提のもと、戦後長らく続いた国民党政権による「中国化」政策によっても失われることのなかった各族群の文化的多元性が、「定着の歴史が異なる台湾社会の諸文化集団（族群）の文化は価値において平等であり、国家も族群相互間もこの文化多元性を尊重しなければならないとする、一種の多文化主義的な統合理念」として浮上してきたのであった(2)（若林正丈、二〇二一）。

そして、新たな国民統合理論の二つ目が「生命共同体」の概念である。当時の李登輝総統は、「台湾に早く来た者も、後から来た者も、台湾の水とコメで育った者はみな新台湾人だ」（『朝日新聞』一九九八年一二月七日）[3]と主張し、族群間で対立することなく、中国大陸ではなく生活拠点である台湾を本土として、台湾に基づくアイデンティティを構築して国民統合を図ることが重要であると考えていた。そのアイデンティティを構築し、台湾社会全体に浸透させていくために、李登輝が取った政策は、まずはそれぞれの社区（第三章参照）レベルにおいて、市民が互いに協働しながら社区に基づく「地元アイデンティティ」を構築し、市民の社区コミュニティへの帰属意識を高めることであった。一九九四年から始められたその政策は「社区総体営造」政策と呼ばれており、「社区総体営造」政策の中心に据えられたものこそが文化資産であった。文化資産は地域固有の文化を可視化させるという大事な役割を担い[4]、その過去や意義をどのように解釈するのかによって「地元アイデンティティ」の性格は変容する。また、文化資産の存在自体が各社区の市民に歴史環境の保存や文化活動の開催といった共同活動を担わせることとなり、社区コミュニティへの帰属意識を高めることにも繋がったのだという[5]。

また、「社区総体営造」政策が導入された当時、台湾社会においては、反公害闘争や都市計画による歴史的建造物解体への反対運動といった社会運動が活発に行われるようになってきており、それらは国民党政権に反目する勢力へとなりかねないものであった。それゆえに、それらのボトムアップ型の社会運動への懐柔政策として、行政資源を携えてトップダウン型として介入していく「社区総体営造」政策は非常に有効的なものであった。

そして、「社区総体営造」政策は国民党・李登輝政権下において始められたものの、「土着的なものを重視する台湾本位の視点を持つ民進党」[6]（若林、二〇二一）の考え方に沿った政策であり、もっといえば、国民党が民進党の計画を横取りする形で始まった政策であることから、その後の民進党・陳水扁政権、国民党・馬英九政権、そして現在の民進党・蔡英文政権においても引き続き行われている。

以上のとおり、「社区総体営造」政策は、国民統合を目的とした地方文化の実体化政策といえるのだが、トップダウン型の政策であるといわれるもうひとつの理由こそが資金面である。星純子（二〇一三）によると中央政府からの資源を得ることとなった社会運動は、従来の抗議や選挙を通じた運動形式から、「台湾人」意識を持って中国文化と区別される台湾独自の文化の樹立を掲げる台湾ナショナリズム[7]に基づいて、地方文化の擁護を主張しながら中央政府から投下された政府資金を獲得して、「制度化」（社会運動が社会の認知を受けて慣習化すること）を目指していくスタイルへと変化を遂げたのだという。[8] したがって、それぞれの社区においては、政府資金を用いて政府の要求する能力を獲得したり、補助金を得るために政府の要求に沿った目的を追求したりするようになるのであった。そして、社会運動が派生することにより、社会運動を行う人々は、尊厳と自信を獲得するため、自分たちが住む場所に蓄えられた記憶を頼りにして、自己イメージの肯定的な再定義を図っているのだという。

このように「下からのコミュニティ再生運動に、行政資源を携えて上から介入していく」[9]（若林、二〇一一）性格を有する「社区総体営造」政策が導入されている台湾の地域社会において、本当の意味での「ボトムアップ型」として行われる歴史的建築物の保存活動の事例は比較的少ないのである。つまり、「社区総体営造」政策下における地元住民が参画する歴史的建築物の保存活動においては、政府資金を獲得するためにコミュニティの活動内容を修正している可能性を否定することができない。一方、本書で取り上げている鹿野区役場の修復事例については、行政機関からの資金援助を一切受けることなく、地元住民主導によって行われた活動であるから、活動目的は地元住民自身の目的に沿ったものであるとともに、日本統治時代の建築物である鹿野区役場に対する解釈が充分に反映されたものであるといえるのではないだろうか。

したがって、本章では、地元住民が「空白の場所」となっていた鹿野区役場に注目し、行政機関などの支援に頼らずコミュニティの力だけで修復を成し遂げていく過程について論じていくこととする。鹿野区役場の修復活動については、地元住民の中でも、特に新移民が積極的に活動に参加したものであったが、新移民が鹿野区役場の修復活動を行う目的はどのようなものだったのだろうか。そして、日本統治時代の建築物である鹿野区役場に対してどのような認識を抱き、どのように解釈していったのだろうか。あるいは、鹿野区役場の修復活動を通して、新移民コミュニティが有する自己イメージの肯定的な再定義に繋げていったのであろうか。ここからは、それらの観点に着目した上で、龍田村に組み込まれた日本統治時代の糖業移民史の前提条件が、新移民たちに与える影響に注目しながら、地元住民主導による「空白の場所」の再利用についてみていくこととする。

2　鹿野区役場跡地が「空白」となった経緯

地元住民による鹿野区役場の修復活動について論じる前に、鹿野区役場がどのような建築物であるのかを説明するとともに、戦後「空白の場所」となった経緯を簡単に確認しておきたい。

一九〇五年に成立した鹿寮区は、一九二〇年に鹿野区へとその名前が改められると、一九二一年に齋藤與五郎が鹿野区長に任命され、当時の住所で鹿野村六十八番戸（現在のレンタサイクルショップ阿度的店の付近）に鹿野区役場は建てられた。鹿野区役場は鹿野区の行政の中心であり、上位の行政官庁から出される法令の伝達、管轄地域内状況の報告業務などに加えて、管内の道路や橋といったインフラ管理や、台風などの災害対応、そして、日本語をはじめとする教育や衛生環境改善など、その役割は多岐にわたっていた。そして、翌一九二二年に当時の鹿野村八十五番戸（現在の龍田村光栄路一三七号）に移されたのだが、この建物こそが、本章で論じている鹿野区役場にあたる。当時は、鹿野区役場建物の東半分が事務所で、西半分が区長宿舎として使用されていた。その後、一九三七年に、台湾西部に比べて行政改革が遅れていた台東庁にも街庄制（第一章参照）が導入されたことをきっかけに鹿野区が鹿野庄に改められると、一九三九年三月、鹿野庄（区）役場は当時の鹿野村八十七番戸（鹿野公学校跡地、現在の龍田国小附設幼稚園）に移され、改装されて職員専用の宿舎となった。

戦後は鹿野郷公所の所有物となり、その後しばらくの間は、鹿野郷公所の宿舎として利用されることなったものの、職員宿舎に住む人がいなくなると、建物の荒廃だけが日に日に進むようになっていったのである。[10]

この鹿野区役場の修復において、中心的な役割を果たしたのが、三つの住民グループにおいて一番新しい存在である新移民のグループである。そして龍田村における新移民の位置付けは、ジンメルによって提起された社会学的な「よそ者」のまさにそれであるといえよう。

異郷人は一定的な空間の広がり——あるいは、その境界規定が空間的なそれに類似した広がり——の内部には定着しているが、しかしこの広がりのなかにおける彼の位置は、彼がはじめからそこへ所属していないということ、彼がそこには由来せず、また由来することのできない性質をそこにもたらすということによって、本質的に規定されている[11]（ジンメル、一九九四）。

ここまでの議論で確認してきたとおり、日本統治時代の知識人は、当時からこの地で生活し、その子孫もまさにこの地に由来する存在である。彼らは戦後も継続的に権力を持ち続ける傾向にあり龍田村においても日本統治時代からの名声を誇っている。また、二次移民とその子孫については、龍田村の公廟である崑慈堂《クンツータン》を中心とした道教的な宗教活動に基づく連帯と、崑慈堂管理委員会が有する村廟組織としての政治的権力を根拠に、龍田村の村内政治において実権を有する存在となっている。しかし、新移民は時の経過とともに龍田村の地域社会内部に定着しつつある存在ではあるが、日本統治時代の知識人の子孫や、二次移民とその子孫のように龍田村に「由来」する存在とはいえない。また、多くが台北などの都市部からのＩターン者やＵターン者である新移民は、当然ながら連帯も決して強くはなかったといえよう。したがって、日本統治時代の知識人の子孫、二次移民とその子孫、そして新移民という三つの住民グループが存在する龍田村において、最も「居場所」を必要としていたグループこそが、新移民たちであった。そして、そのような背景を持つ新移民たちが鹿野区役場の修復を担っていくことになるのだが、まずはなぜ彼らが鹿野区役場に注目をしたのかについて、新移民の中心人物である李元和に注目して論じていくこととしよう。

台湾中部の苗栗県に生まれた李元和は、兄姉の学業や父親の仕事の都合で中学二年の時、台北に引っ越すこととなった。その後、国立中興大学で畜産などを学び卒業し、両親から台北で就職するように勧められたものの、一九七五年、富や名声を求めない穏やかな生活環境を求め、龍田村にある鹿野国民中学へと赴任し、妻の謝曉香と龍田村に移り住むこととなった。生物教師として教鞭を執りつつ、休日は謝曉香と山林で横になったり、水辺で涼んだりしていた彼は、龍田村に様々な種類の蝶が生息していることに気が付き、蝶の生態研究に力を注ぐようになった。

李元和によると、かつての台東は「蝶々王国」で、至る所に蝶の捕獲を生業とする人々がいたというが、林の開発と農薬の大量使用により蝶の数は徐々に減少し、中には絶滅寸前にまで追い込まれた種もいたのだという。環境破壊が蝶の生育に影響を与えていることに危機感を感じた李元和は、一九七八年にまずは自家庭園に、蝶の餌となる数十種類の植物を植えて、蝶の生育に適した環境を作り出すことにした。加えて、異動先の学校でも台東県で初となるネットで囲われた「蝶々園」を設置するなど、蝶の生育に熱心に取り組み、二〇〇〇年に退職した。(12) 教師として働いている間は、自宅や赴任先の学校で蝶の生態保護に取り組んでいたが、退職したことをきっかけに、李元和の蝶々の生態保護活動における活動拠点は龍田村となり、李元和の蝶に対する熱意が李元和を中心としたコミュニティの形成に繋がっていくことになる。

退職した李元和は、二〇〇一年、謝曉香と十数名の地元住民たちとともに、龍田村を美しい蝶たちで彩られた「蝶々村」にすることで、観光客を呼び寄せて、龍田村の経済を活性化させることを目的に、「龍田蝴蝶工作坊」というワークショップを立ち上げた。これまで李元和は、個人的な趣味に近い形で龍田村の自宅庭園と赴任先の学校における蝶の生育活動を中心に行ってきたわけだが、どうして、村おこしを結び付けようとしたのだろうか。

まず、李元和夫妻が「龍田蝴蝶工作坊」を立ち上げる一つの契機になったともいえるのが、李元和の鹿野国民中学で教師をしていた頃のかつての教え子たちの存在であった。地元で農業を営む教え子たちが、民宿の経営への挑戦や農産品の販路拡大を希望していたことが、蝶と村おこしを掛け合わせる理由の一つとなったようである[13]。そのような背景もあり、「龍田蝴蝶工作坊」において勉強会を行ったりするとともに、長期休暇を利用して、蝶をモチーフとした民宿の準備も行われていたのだという。

また、蝶の生育環境を確保するために環境保護を大事にしている李元和夫妻の価値観に、一部の農家たちも共鳴した。残留農薬ゼロを目指してパイナップルを栽培している李萬枝[14]や、一九九九年にいわゆるUターンをして鹿野に戻り、龍田村で無農薬農業などを謳う秀明自然農法[15]を行っている張鉦榮[16]と妻の荘夢萍[17]といった農家たちも「龍田蝴蝶工作坊」に参加したのである。彼らは、当初から蝶に興味があった訳ではなかったようだが、環境保護に対する価値観を李元和夫妻と共有していたため参加したようであり、二〇二〇年における李萬枝の言葉を借りれば、「二十年間も楽しんでいれば、知らなかったことだってそりゃ詳しくなる[18]」のだという。

さらには、日本統治時代の知識人である邱振郎《チウジェンラン》の子で、日本統治時代の文物等を多数所有し、郷土史の研究を行っている邱鈺真《チウユージェン》や、李元和をはじめとする新移民の環境保護などの社会課題に対する価値観に共感した邱振郎の孫の邱樹蘭《チウシューラン》も「龍田蝴蝶工作坊」に参加することになった[19]。特に邱樹蘭については、自宅の庭に蝶の餌となる植物を植えたり、蝶をモチーフにした作品を制作したりするなど関心が非常に高く、李元和の活動におけるキーパーソンとなった。龍田村の権威である二人の参加は、李元和の活動の大きな後ろ盾となるだけでなく、日本統治時代の歴史や記憶を大切にするという価値観が李元和の活動に組み込まれることとなったといえよう。以上のように「龍田蝴蝶工作坊」は、蝶で村おこしを行うというロジックを表象する「蝶々村」計画の名の下に、環境保護を重んじる農家や、日本統治時代の知識人の子孫たちが繋がる、新移民の李元和を中心とする新たなコミュニティとして歩み出したのであった。

そして、「龍田蝴蝶工作坊」は約半年間の学習期間を経て、二〇〇二年に龍田社区発展協会の名義で村おこしの具体的な計画案を行政院文化建設委員会に提出した[20]。しかし、二次移民も参画している龍田社区発展協会の名義でこれ以上活動を進めることが難しいと認識した李元和は、二〇〇三年に、非営利組織である台東県龍田蝴蝶保育推広協会（その後、台東県龍田蝴蝶保育協会に改称。以下、「龍田蝴蝶保育協会」）を設立するとともに、「龍田蝴蝶工作坊」を営利組織化することで、蝶で村おこしを行う体制を整えた[21]。その後は、全国から学校関係者を集めて蝶の生態に関する講座を開講したり[22]、龍田村の歴史、地理や蝶々の生態などをまとめた本を出版したり[23]精力的に活動を展開していった。また、メディアへの露出に積極的な李元和の姿勢もあり、毎年一回はテレビや新聞で「蝶々村」の活動を紹介してもらっていたのだという。

そして、李元和の活動はそれだけにとどまらず、「龍田蝶々博物館」設置の検討を始めたのであった。前述のとおり、日本統治時代の鹿野尋常高等小学校（現在の龍田国民小学）の敷地内には、日本統治時代に建てられた台湾初の託児所である鹿野村託児所の建物が現存しており、その建物を修築して、「龍田蝶々博物館」を作ろうとしたのである。当時、鹿野村託児所は特に使用されていない「空白の場所」であり、李元和は、様々な蝶が生息する台湾でも数少ない自然生態の特色と歴史的建築物を結び付けることが、村おこしにおいて最も大きな効果を発揮すると考えたのである。二〇〇六年に台東県政府によって出版された、台東県内の地方文化

鹿野村託児所（筆者撮影、2017年11月15日）

館を紹介する本には、「龍田蝶々博物館」の概念から展示計画、将来の展望までが事細かに記されており、計画段階における準備は充分に進んでいたように思われる。(24) しかし李元和によると、より工費を高くしたい建築会社の意思によって、建築計画が破壊と新築を伴う方向へと傾き、工事によって建物の元の姿が失われてしまうという不安を抱いたという。結局、解決策は見つからず、工事に入る前の段階で、彼からこの計画の中止を申し出たのだった。

3　ボトムアップ型による鹿野区役場の修復と新移民コミュニティ

「龍田蝶々博物館」計画の失敗は、ある意味コミュニティの限界を示したと言えよう。「蝶」で村おこしを行うという、一点に特化したロジックだけでは、他の新移民を取り込んでコミュニティ全体を賞揚するには不充分であった。

そのような時に転機となったのが、林義隆の龍田村への移住であった。林義隆は、台北にある国立台湾科技大学を卒業後、科学技術会社で研究開発に従事していたが三九歳で退職し、二〇〇五年に台東に移り住んだIターン移住者である。彼は二〇〇六年から龍田村に隣接する永安村に「夏耘自然生活農莊」を構えており、秀明自然農法においてスターフルーツなどの栽培を続けている。現在では永安村に住んでいるが、鹿野郷への移住当初の数年間は永安村で農業をしつつ龍田村に居住していた。[25]秀明自然農法の勉強に対して非常に熱心で、台東県秀明自然農法協会と積極的に関わりを持っているだけでなく、地域に馴染むために地域社会に貢献したいと考えており、[26]同じく環境保護の価値観を持って村おこしに取り組んでいる李元和と意気投合したのであった。

こうして、李元和が率いる龍田蝴蝶保育協会と林義隆を中心とする台東県秀明自然農法協会の農家は協力して、お互いの興味や関心を尊重しつつ、龍田村において蝶の生育を商機とするべく、活動を進めていくことになった。林義隆が中心となってボランティアを募集し、農法の普及を行ったり、環境保護に関する学習会を開催したりした上で、今度は李元和と邱樹蘭が中心となって、林義隆が集めたボランティアたちに対して、蝶のマーキングや蝶をモチーフにした作品の製作体験などの活動を展開していった。[27]それらの活動を通して、ボランティアとして龍田村を訪れた若者の中には、龍田村に移住して秀明自然農法に取り組む者も現れている。[28]若者たちは「共農共食」を組織し、日本から秀明自然農法の技術指導員を招くなどして、無肥料・無農薬農業を学んで実践しながら、共同生活を行っているようである。このようにして新移民の数は着実に増えていった。

外来の新移民が居住地を探すことは容易ではなかったが[29]、邱樹蘭が二次移民と新移民の仲介役となって、二次移民たちが所有する空き家を新移民に貸し出すように説得することで、新移民の定住を可能にしたのであった[30]。また、張鉦榮と荘夢萍は、同じ秀明自然農法に取り組む林義隆とともにパイナップルの加工品を製造の上、彼ら自身が営む雑貨店[31]で販売を始めるなど、コミュニティ内における連帯の強化も進んでいった。

以上のように、林義隆が李元和と並んでコミュニティの指導者的存在となったことで、コミュニティは拡大し、コミュニティ内の結び付きも強くなっていった。また、邱樹蘭は先頭に立つ李元和と林義隆を支える存在として、新移民と二次移民たちとの間を取り持つ重要な役割を担い[32]、新移民の定住促進という側面からコミュニティの拡大に寄与したのであった[33]。そして、新移民が増加する状況下において、新移民コミュニティにおける連絡と交流の場が必要となり、李元和が注目したのが鹿野村託児所と同じく日本統治時代の建築物で「空白の場所」となっていた鹿野区役場であった。こうして、二〇〇三年、李元和は台湾東部の歴史を研究している学者の趙川明と協力して、鹿野区役場の歴史建築登録に向けた準備を始めたのである。

前述のとおり、日本統治時代の鹿野区役場は鹿野村が属する鹿野区における行政の中心であり、様々な役割を果たしていた。戦後は鹿野郷公所の職員宿舎として、建物自体は鹿野郷公所が所有していたものの、やがて職員宿舎に住む人がいなくなると、荒廃が進んでいった。

そのような状況の中、二〇〇二年になって土地所有権が台糖に所有権があることが明らかになると、鹿野区役場は大きな転機を迎えることとなった。もともと鹿野村は製糖会社によって開拓事業が行われた場所であるが、戦後になって製糖会社を台糖が接収したことで、一九四六年には台糖に土地所有権が移されていたのである。その後は、鹿野郷公所が毎年借地料を台糖に支払っていたが[34]、二〇〇六年、借地料が負担となっていた鹿野郷公所は建物を取り壊して土地を台糖に返す意向を示した[35]。鹿野郷公所が支払っていた借地料の額について、『自由時報』（二〇一一年一月二九日）によると九万元（約三二万円）とのことだが[36]、李元和によると、真偽は定かではないものの、実際のところ鹿野郷公所が支払う借地料は15％程度割引されていたとのことである。

修復前の鹿野区役場（古屋。老樹。鹿野區役場、2012年12月25日）

修復後の鹿野区役場に龍田蝴蝶保育協会のパンフレットなどとともに配布用として並べられていたA４紙一枚の印刷物（二〇一八年六月一二日発行）によると[37]、鹿野郷公所がそのような意向を示した背景には台糖の訴えがあり、敗訴したことにより、鹿野区役場の取り壊しおよび台糖への土地返還という判決になったためだという。この情報を聞きつけた李元和は、仲間の住民たちと保護連盟を組織して、陳情書を作成するなどして抗議活動を行い、ひとまず建物の取り壊しは回避できることとなった。そして、二〇〇六年五月には台東県文化資産審議委員会会議では、鹿野区役場を歴史建築として登録すると決議されたのである[38]。しかし、台東県政府は歴史建築としての正式な公告手続きを行わず、歴史建築として登録されないままとなる事態に陥った。

そのような状況が続いた二〇一一年、鹿野郷公所は、鹿野郷民代表会および台東県審計室（監査室に相当）から借地料を台糖に支払うことは「公金の無駄遣い」であり是正すべきとの指摘を受け、再度鹿野区役場の取り壊しを検討することになった。

鹿野区役場の歴史建築としての保存が進まないどころが、再度取り壊しが検討されるにあたって、李元和が取った戦略は、やはり鹿野村社の台座保存運動の時と同様にメディアを活用することであった。彼は記者やテレビ局を呼び、メディアを通して鹿野区役場が取り壊しの危機に瀕している状況を世間に広めることにより、取り壊しを阻止し歴史建築として登録するために世間から後押しを得ようとした。

実際、『自由時報』（二〇一一年一月二九日）においては、鹿野区役場の取り壊しが検討されている状況と、鹿野区役場の保存を望む彼の想いが記されており[39]、取り組みの一端を窺い知ることができる。加えて、李元和は再び仲間の住民たちと陳情書を提出し、何とか鹿野区役場の取り壊しを食い止めようとしたのである。そして、最終的には、龍田蝴蝶保育協会が鹿野郷公所から鹿野区役場の建物を二万元（約七万円）で買い取って所有権を取得した上で[40]、台糖に対する毎年八万七、七七九元（約三一万円）[41]の借地料も龍田蝴蝶保育協会が支払うことで合意した。李元和によると、台糖が借地料を割り引いてくれることはなかったものの、鹿野郷公所にとっては毎年の借地料に加えて建物の撤去費用を負担する必要が無くなるというメリットがあったため、鹿野郷公所とはこのような安値での取引が成立したのだという。

ちなみに李元和は、「龍田村の全ての土地は台糖が所有するものだ」と語っており、実際、鹿野村社が再建された場所は鹿野郷公所が土地所有権を持っていることなどから、そのことは事実ではないと考えられるものの、龍田村において台糖が引き続き土地を多く所有している現状を如実に表していると言えよう。

また、取り壊しを免れた旧鹿野区役場は、「鹿野庄（區）役場」として二〇一一年一二月に台東県文化資産審議委員会会議で改めて決議を受けて、歴史建築としての登録が再度決定すると、二〇一二年五月には台東県政府によって正式に歴史建築として公告されたのであった。(42)

こうして鹿野区役場の取り壊しを阻止した李元和は、「龍田蝶々博物館」計画における挫折経験を踏まえ、人手、物資および資金の全ての面において、自分たちの力だけで、築百年に迫ろうかという鹿野区役場を修復することを決めたのであった。新移民の仲間たちの協力に加えて、林義隆の秀明自然農法関連の人脈によって集められた外部ボランティアの協力もあり、工事は順調に進んでいった。資金面において李元和が取った戦略は、やはりメディアを活用することであった。二〇一二年一二月二一日の『中国時報』の新聞記事(43)においては、幾度となく取り壊しの危機を乗り越えた鹿野区役場が、近い将来に修復工事を経て「日本建築の工芸の美」を鑑賞できるスポットとして一般公開される予定であることが明かされた。続いて修復に必要な総額二〇〇万元（約七〇〇万円）にのぼる費用が、まだまだ足りていないことを示した上で、資金集めのために二〇一三年一月一九日に修復工事途中の鹿野区役場の屋内において、芸術家が製作した作品のオークションが開催されることが告知された。

さらに同じ日に、『自由時報』においても記事が掲載され(44)、龍田村に住む当時七七歳の男性が、大工として指揮をとり、ボランティアを取りまとめて修復工事を進めていることとの紹介と、翌月一九日のオークション開催が告知されていた。

また、オークション前日の二〇一三年一月一八日に『聯合報』に掲載された記事[45]においても、翌日の午前一一時から夕方四時までオークションが開催されることが告知された。また、この時点で、経費として、少なくとも必要とされている二〇〇万元（約七〇〇万円）のうち、六〇万元（約二一〇万円）は資金集めが完了しており、それらの資金はすでに工事に投入されていることも明らかにされたのである。

以上のとおり、新聞記事上で再三行われた告知の成果もあり、オークション当日は盛り上がりを見せたようである。[46]その後も、美術品のオークションだけでなく、バザーや音楽会を開催して、その場で得た収益や寄付金を活用して、修復工事費用やその後の維持管理費用に充てていき、そうして集めた寄付金は、二〇一四年七月の時点で、およそ一〇〇万元（約三五〇万円）にのぼっていた。[47]また、このような活動を通して、鹿野区役場に関わるボランティアの数も徐々に増えていき、工事は順調に進行していったようである。こうして、二〇一三年八月に鹿野区役場の本体の修復工事は一段落し、一般公開できる状態として一応の完成を迎えた。[48]修復後の鹿野区役場には、芸術品などの展示スペースや、イベント開催時などに、コーヒーなどの簡単な喫茶メニューや、新移民が秀明自然農法を用いて栽培した農作物やそれらの加工品を提供するためのカフェスペースが設けられた。[49]

修復後の鹿野区役場外見（筆者撮影、2017年11月15日）

李元和によると、多い年には年間で二〇〇～三〇〇人ほどの協力者が集まったというが、そのほとんどが龍田村の外部からやってきたボランティアであったという。そして、龍田村の村内の「地元住民（在地居民）」については、農業が忙しく、自分たちの手で鹿野区役場を修復しようという考えもなかったと語っていた。(50)ここで注目すべきポイントは、李元和を含む新移民が「地元住民」という言葉を使って、二次移民とその子孫のことを形容した点である。李元和のこのような言葉の端々にも、「よそ者」として龍田村に馴染みきれていない新移民の立場が垣間見える。

李元和は二次移民コミュニティが鹿野区役場の修復活動に参加しない理由について、農業が忙しいことを理由として挙げていたが、実際はそれだけが理由ではなく、新移民コミュニティと二次移民コミュニティの微妙な距離感が理由ともなっているようである。陳建光に対して

修復後の鹿野区役場内部（筆者撮影、2017年11月15日）

聞き取り調査を行ったところ、李元和の活動について、多くのボランティアに頼り、ビジネスとして成立しておらず、村の経済状況を改善することには繋がらないと批判的に語っていたのである。しかし、陳建光が全面的に李元和の活動を批判的に捉えているわけではなく、徳田剛（二〇二〇）が、外来者が自治会や町内会に大挙し、地域における合意形成に大きな影響力を発揮することを、旧住民で構成される地元のリーダー層が警戒する場合があると指摘するように[51]、龍田村のケースにおいても、その多くが保守的である二次移民たちが新移民に対して警戒心を抱いている側面が強いといえるのではないだろうか。

また、第二章から第四章までで確認したとおり、最終的に中央政府の地方機関の主導によって行われた鹿野村社の再建について、陳建光が「その場所にたまたま神社があったから[52]」という理由で再建を受け入れたように、二次移民たちは、日本統治時代と深いかかわりのある龍田村の歴史を史実として受け入れており、なおかつすでに自らが戦後構築してきた道教的な廟（崑慈堂）を中心とする村内政治システムに由来する権力を有している。つまり自らの生活する土地に対して、充分な自己との結びつきを得ているといえよう。したがって、土地との新たな結びつきを得ようとする、新移民たちの鹿野区役場修復を巡る一連の行動に対しては、積極的に参画するでもなく、静観するにとどまったのではないだろうか。

4　まとめ

以上のように、新移民たちだけでなく、林義隆が秀明自然農法のコミュニティを活かして集めた龍田村外部のボランティアの協力を得ることで、鹿野区役場の修復活動は成し遂げられた。そのような鹿野区役場の修復活動について、李元和は次のように述べている。(53)

（前略）区役場をもってして、みなで一緒になって、お年寄りたちにあの頃の美しい記憶を思い起こしてもらって、彼ら自身の美しい記憶として残してほしい。毎年台糖に支払う借地料は重くのし掛かるものの、日が暮れるまでおしゃべりする空間を村人たちに提供できれば嬉しい。そして、地元の文化や農産品を展示したり、更には芸術活動の公演を行ったりと、（鹿野区役場は）無限の可能性を持った場所である。みなが、ボランティアや寄付やオークションなど好きな方法で参加し、区役場をもってして、庶民文化の有り様を表現し、一緒に夢を追い続けていきたい。

つまり、鹿野区役場の修復は、日本統治時代の歴史や記憶の表象という意味を持つ一方で、新移民たちの繋がりを象徴する場としての意味を持ち、どちらかというと後者に重きが置かれていたと言えよう。現在でも、バザーや音楽観賞会などの活動が定期的に開催されていたり、新移民たちが集まって合唱を楽しんでいたりと、鹿野区役場は新移民たちが集う場所としての役割を担い続けている。加えて、龍田蝴蝶保育協会が鹿野区役場を管理しているため、飼育して成虫になった蝶を放して鑑賞を楽しむといったこともなされている(54)。

修復の過程を通して、「龍田蝶々博物館」計画の時には見られなかった、環境保護という価値観を共有する人々の繋がりの強化と拡大がより一層進み、コミュニティ形成の大きな推進力となった。加えて、日本統治時代から行政の中心として機能し、戦後も鹿野郷公所の所有物となっていた鹿野区役場を自分たちで買い取って、行政の力に頼らずに修復を成し遂げたことは、新移民たちによる地域活動で村おこしを行うというロジックを完成させるとともに、新移民たちのコミュニティとしての力の大きさを示すことになったといえよう。また、糖業移民史としての前提条件がある龍田村であるがゆえに、修復後も毎年台糖への借地料の支払いを負うこととなったものの、逆にいえば、借地料問題があったからこそ、鹿野郷公所が鹿野区役場を手放したともいえるのではないだろうか。

前述のとおり、龍田村において、日本統治時代の知識人の子孫や二次移民とその子孫のように、日本統治時代の糖業移民史や村廟組織である崑慈堂を基にして、肯定的な自己イメージを獲得することができなかった新移民たちは、なかなか「よそ者」の立場から抜けだすことができなかった。そのような新移民が必要としていたものこそが、「オーセンティシティ」（Authenticity 正統性）とも呼ばれる(55)、その土地に由来する存在として、その土地に生活していくための、「自己と生活する土地との結びつき」であった。そこで、糖業移民村としての歴史を持つ龍田村において、新移民が頼りにしたものこそが、日本統治時代の知識人の子孫そして日本統治時代の建築物が有する龍田村の歴史における正統性であった。新移民たちは、日本統治時代の知識人の子孫と連携しつつ、土地所有権をめぐる争いの中で破壊されてしまう恐れのあった日本統治時代の建築物を自分たちの「居場所」として再利用することを通して、コミュニティの連帯を強化するとともに自己イメージの肯定的な再定義を図り、龍田村において生活を営んでいく「オーセンティシティ」を摑み取ろうとしたのであった。

1　Chiang Min-chin *The Hallway of Memory: A Case Study on the Diversified Interpretation of Cultural Heritage in Taiwan* (<https://www.soas.ac.uk/taiwanstudies/eats/eats2007/> 2007/4　閲覧 2021/11/28)
2　若林正丈『台湾の政治 ―中華民国台湾化の戦後史 増補新装版』(東京大学出版会、二〇二一年五月、二二一頁)
3　「「新台湾人」が選ばれた　台湾の選挙」(『朝日新聞』一九九八年一二月七日、朝刊、五面)
4　Lu Hsin-yi　*The Politics of Locality: Making a Nation of Communities in Taiwan*, London, Routledge, 2016/4.
5　陳其南『臺灣的傳統中國社會』(允晨文化實業、臺北、一九八七年三月)／陳其南「社區營造與文化建設」(理論與政策雜誌編輯委員會 編『理論與政策』第一〇期第二卷、國會觀察文教基金、臺北、一九九六年三月、一〇九～一一六頁)
6　前掲 若林正丈 (二〇二一年五月、三三九頁)
7　小笠原欣幸『台湾総統選挙』(二〇一九年一一月、晃洋書房、六頁)
8　星純子『現代台湾コミュニティ運動の地域社会学　高雄県美濃鎮における社会運動、民主化、社区総体営造』(御茶の水書房、二〇一三年一月、一五九頁)

9　前掲 若林正丈（二〇二一年五月、三三九頁）

10　夏黎明 總編纂『鹿野鄉志』（上・下）（臺東縣鹿野鄉公所、臺東、二〇〇七年八月、四一三～四一四頁）／趙川明 主編（『日出臺東：縱谷文化景觀』國立臺東生活美學館、臺東、二〇一一年一二月、二九六頁）

11　ゲオルク・ジンメル『社会学　社会化の諸形式についての研究』下巻（居安正 訳、白水社、一九九四年三月）

12　「李元和邀村民一起投入 打造龍田村成美麗蝴蝶村」（『更生日報』二〇一一年一月二〇日、一八版）／鍾青柏 總編輯『龍田村百年移民史』（臺東縣政府文化處、臺東、二〇二〇年一〇月、一〇四～一一三頁）

13　古屋。老樹。鹿野區役場（<https://www.facebook.com/488617267856461/posts/511887488862772/>　2013/2/1　閲覧 2021/6/12）

14　日和教育基金會「鳳梨人生四十年、鹿野農友李萬枝：「我不是專家、還在嘗試」」（< https://www.newsmarket.com.tw/blog/133717/>　2020/7/5　閲覧 2021/6/13）

15　宗教法人神慈秀明会「秀明自然農法 美しいライフスタイル」（<https://www.shumei.or.jp/art2.html>　閲覧 2021/5/5）／林義隆『種下200％的樂活幸福』（寶瓶文化、臺北、二〇〇九年六月）

16　邱莉燕「新移民為鄉村重新定義「出賣鹿野」悟出生意經」（『城市學』遠見天下文化 <https://city.gvm.com.tw/article/60624>　2019/4/26　閲覧 2021/7/7）／臺東縣政府農業處「張鉦榮　阿榮自然農園」（<https://efarmer.taitung.gov.tw/zh-tw/CropExperts/Farmer/37/>　2013/8/9更新　閲覧 2021/5/11）

17　夏黎明、林慧珍『編織花東新想像―十四個地方創新發展的故事』（曹永和文教基金會、遠流、臺北、二〇一六年一一月、一五〇頁）

18　前掲 日和教育基金會（2020/7/5　閲覧 2021/6/13）

19　鹿野觀光休閒生活網「美好事物的起點―邱樹蘭老師」（<https://www.goluye.com/portal_b1_page.php?owner_num=b1_511523&button_num=b1&cnt_id=45162>　2017/12/21　閲覧 2019/10/13）

20　前掲 趙川明（二〇一一年一二月、三〇一頁）

21　古屋。老樹。鹿野區役場（< https://www.facebook.com/488617267856461/posts/652238738160979/ >　2013/10/31　閲覧 2019/10/28）

22　李元和談（二〇一九年一月一八日、鹿野區役場にて）

23 趙川明「龍田村史」（李美貞 編『龍田鄉土文化生態解說手冊』龍田蝴蝶保育推廣協會、臺東、二〇〇四年一一月）
24 蕭福松『臺東縣地方文化館導覽專輯』（二〇〇六年五月、臺東縣政府、臺東、五四～五九頁）
25 前掲 林義隆（二〇〇九年六月）
26 前掲 夏黎明、林慧珍（二〇一六年一一月、一五〇～一五一頁）
27 網住花東情養生休閒聯絡網「【在地社群】台東鹿野龍田村／社區擴大大經營轉為社群」（<http://www.lrb.gov.tw/website/plan_detailed/421> 2016/11/18 閲覧 2019/10/20）
28 邱莉燕「老外、文青實踐田園夢 移居鹿野務農開餐廳」（『城市學』遠見天下文化 <https://city.gvm.com.tw/article/55798> 2019/1/31 閲覧 2021/5/5）／共農共食（<https://www.facebook.com/letiantseng/posts/1110602729120486/> 2019/3/20 閲覧 2021/5/5）
29 胡文偉、本計畫團隊「龍田實踐夢想的起點站」（<http://www.lrb.gov.tw/website/life_detailed/453> 2016/8/1 閲覧 2019/10/17）
30 新唐人亞太電視台「龍田美麗風光 吸引年輕移民潮」（<https://60.248.179.127/b5/20140205/video/120208.html?> 2014/2/5 閲覧 2021/8/11）
31 行政院農業委員會水土保持局臺東分局「阿榮甘仔店」（<https://www.pioneeringeastriftvalleygranaryfestivities.com.tw/?p=4513> 閲覧 2021/5/11）
32 前掲 網住花東情養生休閒聯絡網（2016/11/18 閲覧 2019/10/20）
33 前掲 新唐人亞太電視台（2014/2/5 閲覧 2021/8/11）／内政部營建署「花東養生休閒及人才東移推動計畫」（<https://www.cpami.gov.tw/component/content/article/29137-花東養生休閒及人才東移推動計畫.html> 2018/4/30 更新 閲覧 2019/10/20）
34 「搶救區役場 鹿野藝文團體動起來」（『自由時報』<https://news.ltn.com.tw/news/local/paper/464032> 2011/1/29 閲覧 2019/10/27）
35 前掲 夏黎明（二〇〇七年八月、四一三～四一四頁）／前掲 趙川明（二〇一一年一二月、二九六頁）／文化部文化資產局「鹿野庄（區）役場」（<https://nchdb.boch.gov.tw/assets/overview/historicalBuilding/20120510000001> 閲覧 2021/8/22）
36 前掲『自由時報』（2011/1/29 閲覧 2019/10/27）

37　筆者不明「鹿野區域場簡介」（原文ママ）（2018/6/12 発行、鹿野區役場にて配布）
38　前掲 古屋。老樹。鹿野區役場（2013/10/31　閲覧 2019/10/28）
39　前掲『自由時報』（2011/1/29　閲覧 2019/10/27）
40　前掲 李元和談（二〇一九年一月一八日）
41　二〇一三年からは、地価税との兼ね合いで七万六一六元（約二四万七、一五六円）となっているようである。前掲 古屋。老樹。鹿野區役場（2013/10/31　閲覧 2019/10/28）
42　前掲 古屋。老樹。鹿野區役場(2013/10/31　閲覧 2019/10/28)／前掲 文化部文化資産局(閲覧 2021/8/22)／前掲 李元和談(二〇一九年一月一八日)／前掲 邱莉燕（2019/4/26　閲覧 2021/7/7）／原郷興業企劃小組『片羽・永恆 臺東縣文化資産老照片集』（臺東縣政府、臺東、二〇一六年一〇月）
43　「搶救又拉皮 鹿野區役場開放參觀」（『中國時報』二〇一二年一二月二一日、C2版）
44　「老師傅領軍 鹿野區役場 復活有望」（『自由時報』二〇一二年一二月二一日、B4版）
45　「整修鹿野區役場 明義賣籌錢」（『聯合報』二〇一三年一月一八日、B1版）
46　「為鹿野區役場籌款 全村老小出動」（『聯合報』二〇一三年一月二〇日、B1版）
47　「賦予鹿野區役場新生命」（『更生日報』二〇一四年七月一二日、一七版）
48　前掲 古屋。老樹。鹿野區役場（2013/10/31　閲覧 2019/10/28）
49　前掲『更生日報』（二〇一四年七月一二日）
50　前掲 李元和談（二〇一九年一月一八日）／前掲 網住花東情養生休閒聯絡網（2016/11/18　閲覧 2019/10/20）
51　徳田剛『よそ者／ストレンジャーの社会学』（晃洋書房、二〇二〇年二月）
52　陳建光談（二〇一八年一二月一八日、崑慈堂にて）
53　前掲『更生日報』（二〇一四年七月一二日）
54　前掲 古屋。老樹。鹿野區役場（2013/10/31　閲覧 2019/10/28）
55　Zukin Sharon　*Naked City: The Death and Life of Authentic Urban Places*, New York, Oxford University Press, 2010/1

終章　「空白の場所」における日本統治時代の建築物の再利用が映し出すもの

1　はじめに

ここまで、歴史的に「空白の場所」としての特徴を有する台湾東部において、「台湾の縮図」ともいえる重層的な移民社会を有している台東県鹿野郷龍田村を事例として、戦後において「空白の場所」となっていた日本統治時代の建築物が再建されたり、修復されたりするに至るまでのミクロな政治過程について論じてきた。

日本統治時代の神社である鹿野村社の事例においては、地方政府や民間組織によって検討が重ねられながら再建計画が実行されるにまで至らなかったものの、二〇一一年に、交通部観光局の地方機関である花東縱谷国家風景区管理処の第五代処長に就任した陳崇賢《チェンチョンシエン》の主導によって、二〇一五年に再建されることとなった。陳崇賢は、台湾社会における日本統治時代の神社の位置付けを客観的に見極めた上で、日本人向けの観光ルートの充実を図るという「建前」上の理由と、個人的な記憶に基づく日本式家屋や神社に対するノスタルジーという「本音」の部分を使い分けながら、長年行政に従事することで培った人脈と交渉術を生かして、再建計画を大きく前進させていったのであった。

その後、陳崇賢が再建工事着工前の段階で職を辞することになると、今度は、再建計画の受容者である地元住民の動きが活発になっていくこととなった。陳崇賢は、一般的な漢人地域社会において最有力者となる村廟組織のメンバーを占める二次移民とその子孫に根回しを行っていたのにもかかわらず、その他のコミュニティに属する住民から、日本統治時代の鹿野村社の姿をできるだけ損なわないような計画への変更を求める抗議活動が展開されたのであった。日本統治時代の知識人の子孫は、自分たちのルーツと権威を象徴するものとなり得る神社に対して、神聖性や信仰を含めて保存することを求めていた。また、一九七〇年代以降の比較的近年に龍田村に定住するようになった新移民は、メディアを利用した抗議活動を行い、自らの「郷土の歴史や文化を重んじる住民」としての位置付けを示すことで、積極的に地域活動に関与しようとしていたのであった。

また、日本統治時代の行政機関の庁舎である鹿野区役場の事例においては、龍田村において旧住民と馴染みきれていなかった新移民が、資金や人手などの面を含めて一切行政機関の支援を受けずに、外部の任意団体とのつながりを生かしながら、二〇一三年に修復工事を完了させたのであった。

先住の日本統治時代からの子孫たちや、二次移民たちのように、自己と土地との繋がりを構築することができないでいた新移民たちは、龍田村に根を下ろして生活していく「オーセンティシティ」を獲得するために、「空白の場所」となっていた鹿野区役場に注目したのであった。新移民たちは、日本統治時代の糖業移民事業の建築物が有する正統性を頼りにして、その時代の知識人の子孫たちと連携を図りながら、コミュニティの力による修復活動を完遂していった。新移民たちは、糖業移民村としての歴史に端を発する借地料問題に乗じて所有権を獲得した鹿野区役場の修復活動をとおして、コミュニティの拡大や連帯の強化を図りながら、龍田村で存在感を発揮し、生活を営んでいく基礎を築いていったのであった。

2　日本統治時代の建築物再建から見えてくるもの

以上が本書における事例研究としてのまとめとなるが、ここからは、台湾研究における、それらの意図について述べたい。

まず、鹿野村社の再建事例および鹿野区役場の修復事例を通してはっきりと示されたといえるのが、台湾の人々の日本統治時代の建築物に対する認識の多様性とその幅である。

第二章で取り上げたのは、二〇〇〇年代前半の地方政府による鹿野村社再建計画と二〇一〇年頃の民間組織による龍田文物館の設置計画であるが、いずれの計画においても鹿野村社の再建が実行されることはなかった。つまり、これまでの研究ではほとんど取り上げられてこなかった「日本統治時代の神社再建が計画されながらも実現しなかった事例」を取り上げたのである。特に、地方政府による鹿野神社再建計画においては、地方政府は、経済振興政策として鹿野村社の再建を推進していたのに対し、中央政府は文化資産の保存の観点から鹿野村社の再建を白紙に戻したことが明らかとなり、一口に行政機関といっても、日本統治時代の神社再建事業の捉え方は一様ではないことが明らかとなった。

そして、第三章と第四章で取り上げたのが、中央政府の地方機関が推し進め、二〇一五年に再建が実現した鹿野村社再建計画である。再建計画に関わった中央政府の地方機関、地方政府の首長、地方議会議員、地元住民などがそれぞれの立場の違いに応じて、自分たちの面目を保つための言動をとったり、特に興味を示さなかったりするなど、様々な形で関わっていったことが明らかとなった。そして、それぞれの言動には、たとえば個人としての「本音」と組織としての「建前」が存在していたり、地元住民であり地方議会議員であるといった場合などは、それぞれの立場から状況に応じて対処する場合があったりと、一様に整理することのできない複雑性が横たわっていた。また第五章で取り上げた鹿野区役場の修復事例でも共通していえることであるが、一口に地元住民といっても、一つの地域社会内に存在する複数のコミュニティごとに、日本統治時代の神社再建に対する受け止め方が異なっていた。

そして、最終的に鹿野村社の再建の可否を左右したのは、権力と資金力の面で優位に立つ中央政府側の判断であったという点も重要である。地方政府やＮＰＯ法人に位置付けられるような民間組織の権力や資金力では、中央政府の反対に遭うなどして、鹿野村社の再建を推し進めることができなかった。台湾における民間資金による日本統治時代の神社の再建といえば、序章で取り上げた日本人の佐藤健一が資金提供を行い、地元住民などの協力を得て二〇一五年に再建された台湾南部・屏東県のクスクス祠（現在の呼称は「高士神社」）の事例や、同年に、花蓮県の台湾肥料股份有限公司の敷地内において日本アルミ花蓮港工場構内神社（現在の呼称は

「台肥構内社」）が再建された事例がある。(1) しかし、日本人からの大口の出資による再建や、大企業が自社の敷地内で行う再建という特殊な事情がない限り、資金の提供元となる中央政府の意向が優先される側面があることは明らかである。ましてや、土地所有権を有さない民間組織においては、日本統治時代の神社の再建はかなりハードルの高いものであったと言えよう。

以上のとおり、本書では様々な角度から日本統治時代の建築物に対する認識の多様性を論じてきたが、それらから見えてくる共通点を挙げるとするならば、果たして、「日本統治時代の建築物の再利用でなくてはならなかったか」という点である。確かに、二〇一五年に完成した鹿野村社再建計画の主導者は、日本人向けの観光ルートの整備を目的としていたからこそ、日本統治時代の建築物にこだわった部分はあるだろうし、日本統治時代の宗教施設としての鹿野村社を知る日本統治時代の知識人の子が、神社の神聖性や信仰の保存を求めたのは、「日本統治時代の建築物であったから」といえよう。しかし、糖業移民村としての歴史を持つ龍田村の事例に限っていえば、終戦から月日が流れた現在においても、人々が日々生活を営んでいく中で歴史の連続性を無視することはできず、人々の言動の中に自ずと「日本」に関連するものが現れてきていると考えるのが自然なのではないだろうか。また、龍田村の事例においては、現在においても台糖が所有する土地問題が顕著に現れているという点で、糖業移民史に着目したからこそ、日本統治時代の歴史と現代社会との連続性が分かりやすくなったという側面があったといえよう。

一方、上記に関連する今後の課題として、日本統治時代の建築物において再建や修復が完了した後、台湾の人々がどのように利用しようとしているのかについて、まだ充分に研究が進められていないという点である。再建工事や修復工事の段階で積極的に参画していた人々が工事完了後も積極的に利用しているのだろうか。あるいは、工事完了までは無関心を貫いていた人々が、再建後になって急に利用し始めていることはないのだろうか。それらの点について理解を深めることは、台湾の人々の日本統治時代の建築物に対する多様性と幅をより正確に把握するためには必要不可欠なことであると考えられる。本書で取り上げた事例のうち、鹿野村社の再建後について、現段階で明らかになっている事柄について、補論として巻末にまとめているので、研究の発展段階という点を踏まえた上で、新たな示唆を得るための素材として読んでいただけると幸いである。

そして、もうひとつは、台湾東部の事例研究を、台湾研究の縮図としてとらえる枠組みの提示である。先行研究においては、台湾東部の族群的特徴や歴史的特徴などが強調されてしまう面があった。しかし、本書では、台湾東部の歴史的背景を整理した上で、地域的特徴を考慮に入れながら、台湾東部の移民史に着目することで、活発な人口流動が見られる台湾東部こそが、重層的な移民社会である台湾全体の縮図であるといえる側面があることに注目した。また「空白の場所」ともいえる鹿野郷においては、人口流動の結果、ステレオタイプ的な台湾東部の族群構成とは異なる族群分布となっている側面が見られることを踏まえると、これまでの台湾東部の見方そのものを再考する契機となるのではないだろうか。

本書において「空白の場所」と言及した場合、その地域全体を指し示す場合もあれば、神社や庁舎といった一つの建築物を意味する場合もあった。一つの建築物においても、その所有者や使用者は時代を経て変容するものであり、移民と同じく、「その建築物を誰も使用していないこと」というのは、その建築物を利用する動機となり得るものであるといえよう。

3　おわりに

公益財団法人日本台湾交流協会が実施した二〇一五年度[2]および二〇一八年度の対日世論調査[3]において、台湾東部は「台湾の中で最も親日度が低い地域」であったことは前述のとおりである。しかし、最新の二〇二一年度対日世論調査では、「日本に親しみを感じますか?」という問いに対して、台湾東部における「親しみを感じる」又は「どちらかといえば親しみを感じる」と回答した人の割合の合計が前回二〇一八年度調査時より30%高い87%となった[4]。その結果、一転して台湾東部が、台湾北部や台湾中部、台湾南部と比較して、「最も親日度が高い地域」となったのである。二〇二一年度調査では台湾東部が「最も親日度が高い地域」となったわけであるが、第一回の二〇〇八年度調査から最新の第七回となる二〇二一年度調査までの結果を見ていくと[5]、調査年度ごとに各地域を比較した場合の相対的な順位に変動が見られる。したがって、この調査結果をもって、地域ごとの「親日度」の高低を理解してしまうことは、いささか早計であるといえよう。しかし、台湾南部の「親日度」が特に高いというステレオタイプ的な考えが存在している[6]一方で、台湾東部の「親日度」が最も高かったという結果が示されており、今後の台湾における日本認識をめぐる研究において、台湾東部の重要性は高いといえるのではないだろうか。そして、かつて日本の植民地であったという過去が、現在の台湾における「親日」的な日本認識に繋がっているという考えは、日本人にとっても次第に過去のものとなりつつあるものの、一定程度存在していることは事実である。したがって、そのような言説に対して、台湾社会における日本認識の多様性を明らかにするという研究は、引き続き行われているところである。そして、それらの研究における共通点が、「日本」にある何かしらの意味を追求しているという点である。「「日本」や「日本語」は中国大陸の人や国と自分たちは違うことを示すための道具である」「日本式家屋について、日本統治時代に建てられたという出自であることが脱色されたとしても、日本の木造建築は美しいものであるから再利用する」といった具合である[7]。

しかし、台湾の人々が日々の生活を営む上での日本に対する認識というのは、それほど特別な意味を持っていないのではないだろうか。「たまたま、この村にはかつて日本人移民が住んでいた」や「たまたま神社が誰にも利用されていなかった」、「たまたま、仲良くなることができそうな近所の有力者が日本統治時代の知識人の子孫だった」、「たまたま、この土地は日本統治時代に製糖会社が所有していたから、戦後も台糖が所有している」といった程度のものなのではないだろうか。もちろん、本書でも見られたように、中には、「日本」に対して個人的記憶などに基づいて特別な想いを抱いている人々がいることも事実であろう。

しかし、一見、「日本に関連するものであること」が決定的な要素で見える事柄に直面したとしても、台湾現地の文脈、もっといえば、それぞれの地域における固有の事情を踏まえて、ミクロな視点を持って台湾を見つめることができれば、自ずと「事実」が見えてくるのではないだろうか。本書では、社会活動において最もミクロな視点ともいえる人間関係に焦点を当てた上で、それぞれの相互作用に代表されるような人間関係を中心に据えた議論を展開することで、「事実」に迫ろうとしてきた。至極当たり前のことであるかもしれないが、個々の具体的な事例を動かしているのは、あくまで人間であり、その中にはキーパーソンが必ず存在している。キーパーソンの役割や言動に焦点を当てつつ、個々が形成するネットワークを注意深く見ていくことこそが、重要である。

1　「台肥花蓮廠神社 復刻重建」（『自由時報』< https://news.ltn.com.tw/news/local/paper/892948 > 2015/6/27　閲覧 2019/11/4）
2　二〇一五年度調査時点での協会名称は公益財団法人交流協会。公益財団法人交流協会『二〇一五年度　第五回対日世論調査』（<https://www.koryu.or.jp/Portals/0/images/business/poll/2015seron_shosai_JP.pdf>　2016/3　閲覧 2022/12/12）
3　前掲　公益財団法人交流協会（2016/3　閲覧 2022/12/12）／公益社団法人日本台湾交流協会『二〇一八年度第対日世論調査』<https://www.koryu.or.jp/Portals/0/culture/世論/2018_seron_shosai_JP.pdf>　2019/11　閲覧 2022/12/17）
4　公益社団法人日本台湾交流協会『二〇二一年度対日世論調査』（< https://www.koryu.or.jp/Portals/0/culture/世論/2021/2021_seron_shosai_JP2.pdf >　2022/3　閲覧 2022/12/17）
5　公益財団法人日本台湾交流協会「台湾における対日世論調査」（<https://www.koryu.or.jp/business/poll/>　閲覧 2022/12/17）
6　小野一彦「所長挨拶」（公益財団法人日本台湾交流協会　<https://www.koryu.or.jp/about/kaohsiung/message/>　（2022/3/9

閲覧 2022/12/18）

7　上水流久彦「台湾の植民地経験の多相化に関する脱植民地主義的研究―台湾の植民地期建築物を事例に―」（三尾裕子、遠藤央、植野弘子 編『帝国日本の記憶―台湾・旧南洋群島における外来政権の重層化と脱植民地化』慶應義塾大学出版会、二〇一六年一〇月、二六一～二八八頁）

補論　再建後の鹿野村社をめぐる政治過程

1　はじめに

本書の本文で論じてきたとおり、鹿野村社の再建は、国民党・馬英九政権の時代に、台湾の観光施策を司る交通部観光局の地方機関（縦管処）のトップであった陳崇賢《チェンチョンシエン》の主導により、いわば「トップダウン」で行われた。陳崇賢は、鹿野郷を含む地域に日本人向けの観光ルートを整備するために鹿野村社を再建させることを決め、地方政府のトップである鹿野郷長と地元住民への根回しを行うなど、自ら積極的に計画を推し進めたことにより、鹿野村社の再建は実現したのである。

本稿においては、このように中央政府側によってトップダウン的に再建された鹿野村社について、再建完了後、地方政府および民進党所属の国会議員、そして地元住民といったそれぞれが鹿野村社に対してどのような認識を持った上で、どのような取り組みを行っているのかについて、聞き取り調査やＳＮＳを用いながら、それらの取り組みが行われる過程を明らかにしていく。そして、本稿の議論をとおして、これまであまり議論の対象とされてこなかった、再建後の日本統治時代の神社に対する台湾の人々の認識について、現地社会の文脈に沿って論じていく。

2　地方政府（鹿野郷公所）の取り組み

中央政府側の主導によって再建された鹿野村社だが、再建後は地方政府である鹿野郷公所によって管理および維持されている。(1) また、鹿野郷公所は、再建された鹿野村社を活用するために、様々な施策を行っている。一つ目は、鹿野村社を活用した地元の高齢者向けの施策である。台東県鹿野数位機会中心（以下、「鹿野DOC〈Digital Opportunity Center〉」）は、鹿野郷の住民に対してデジタル学習の場を広く提供する学習センターであり、鹿野郷公所が管理を担っている。

二〇一七年三月、鹿野DOCは、それらの活動の一環として龍田村で高齢者を対象にしたタブレット講座を開催することとなった。対象者は龍田村の住民だけでなく、他地域の住民も対象としていた。講座は参加者がタブレット端末に慣れ親しむことを主な目的としつつも、鹿野村社を活用した取り組みということで、事前に鹿野DOCの職員が参加者の化粧や簡易的な和服や韓服の着付けを行った上で、参加者同士が鹿野村社の前でお互いの写真を撮り合うという内容となっていた。参加者が着用した和服や韓服については、鹿野郷公所の職員で、鹿野DOCの活動にも参画している洪飛騰《ホンフェイトン》が、(2) 遠く離れた台湾北部の台北市や台湾南部の高雄市にまで足を運んで調達した上、その費用についてもすべて自己で負担したのだという。政策立案を行うスタッフと

タブレット講座の参加者
(「[溫聲故事] 數位沙龍攝影 龍田神社體驗和韓服 -2」
臺東縣鹿野數位機會中心、2017年3月17日)

して二〇〇七年に鹿野郷公所に赴任した洪飛騰は、今では鹿野郷の名産となっている「紅烏龍」茶のブランド化に成功した人物で、現在でも地域活性化のために尽力している。[2] 日本式の神社の前での撮影にもかかわらず韓服を準備した理由について彼は、韓国ドラマが好きな参加者から韓服を来たいという要望があったことや、サイズの関係上和服を着ることが難しい参加者は、服の幅に余裕のある韓服を着てもらおうという意図があったと語っていた。参加者にとっては、美しい和服や韓服を着て日本式の神社の前で写真撮影ができる特別な機会であり、神社への参拝儀礼を真似するなど、非常に楽しんでいたのだという。

　このように、講座自体は地元の高齢者を対象としたタブレット講座であったものの、洪飛騰が講座の準備にここまで力を注いだ理由は、鹿野村社の知名度を上げたいという思いであった。鹿野村社の知名度は鹿野郷においてもそこまで高くないとのことで、実際、講座の参加者のうちの一人が鹿野村社の前で撮った写真を孫に見せたところ、日本に旅行に行ってきたと勘違いされたという。洪飛騰自身も、機会があれば講座当日の写真を大学生に見せるなどの取り組みを行っているようで、このような活動を通して鹿野村社の存在が口コミなどで広まっていき、観光スポットとしてもっと有名になってほしいと語っていた。[4]

そして、鹿野郷公所による二つ目の施策が、「桜」の植樹である。二〇一八年三月、鹿野郷公所は鹿野村社境内に、桜の植樹を行った。桜と言っても、予算の都合上、日本の桜を植えることは厳しく、「タイの桜」とも呼ばれるカンラパ・プルック（花旗木）を植えることにしたのだという。鹿野村社が美しい桜によって写真撮影スポットとなり、観光客が増加すれば、記念写真の撮影を行う写真店、撮影向けの貸衣装店などの新しいビジネスが始まるきっかけとなる。これらのことを洪飛騰などは期待しており、地元経済の活性化を願っていたのだという。(5)

鹿野村社境内のカンラパ・プルック
（龍田社區發展協會、2020年5月3日）

鹿野郷公所は、植樹事業を行うにあたり、鹿野村社に隣接する崑慈堂を管理している二次移民とその子孫からの同意を得ることにした。一部の二次移民たちからは植樹を望む声が上がっていたようではあるものの、二次移民たちの中には当初反対の意向を示している者もおり、説得には時間を要したのだという。それでも鹿野郷公所として、龍田村の経済を良くしたい旨を二次移民たちに対して丁寧に伝えていくことで、最終的には同意を得ることができたのだという。

鹿野郷公所によって植樹された七五本のカンラパ・プルックは、成長段階を経て、二〇二〇年五月頃に初めて開花したようである。龍田社区発展協会はFacebookの投稿で観光客の訪問を報告しており、一定程度、観光客の増加に繋がっているようである。(6)

3　民主進歩党の国会議員（劉櫂豪立法委員）の取り組み

民進党政権の時代における鹿野村社再建に係る経緯を振り返ると、本文で論じたとおり、二〇〇〇年代前半の民進党・陳水扁政権時代においては、交通部観光局長の判断で鹿野村社の再建を見送っている。しかし、民進党・蔡英文政権の時代においては、台東県選挙区選出の民主進歩党所属の国会議員（立法委員）である劉《リウ》櫂豪《ジャオハオ》が再建後の鹿野村社に対して積極的な関与を見せている。劉櫂豪は、二〇一九年一一月、林佳龍《リンジアロン》交通部長（大臣に相当）による鹿野郷の観光施策に関する視察を主宰した際、鹿野村社の視察も行った。劉櫂豪は交通部長に対して「鹿野龍田神社拠点」改善計画の実施の必要性を訴え、中でも鹿野村社付近の公衆トイレの老朽化が進んでおり、改修工事の実施を強く求めた。交通部長はその場において予算の確保に向けて全力で支持することを明言し、結果的

新しい公衆トイレ
（筆者撮影、2023年1月8日）

に公衆トイレの改修と鹿野村社参道への石畳の敷設や天然石を用いた手水鉢の設置といった周辺の景観整備に対して、一、三四五万七、五〇〇元（約四、七一〇万円）の予算が計上され、それらの工事は鹿野村社の再建を行った交通部観光局の地方機関である縦管処によって行われることとなった。(7)

計画の検討過程においては、二〇二〇年三月二七日、鹿野村社において、縦管処長や劉權豪の秘書、鹿野郷長、鹿野郷民代表の主席と副主席、鹿野郷公所の職員、工事を担当する設計会社に加えて、地元住民からは、当時龍田社区発展協会で理事長を務めていた蔡登源《ツァイドンユエン》と方伊靜《ファンイージン》の夫妻および崑慈堂管理委員会の陳建光主任委員が参加した上で、設計に関する地元説明会が行われた。また、二〇二〇年七月七日には、縦管処の課長と鹿野郷公所の課長、設計会社、施工会社、そして龍田村民の代表として参加した蔡登源を交えた話し合いの場が設けられ、施工前の最終段階における計画の微修正が検討された。その後、七月一〇日に工事が始まると、最終的に、一、二一七万一、二九六元（約四、二六〇万円）を要した公衆トイレの改修工事および鹿野村社周辺の景観整備工事は、二〇二〇年一二月二二日に縦管処による全てのチェックを終えて完成となった。(8) 工事は観光政策の一環として行われたものであり、観光政策を強化することが表向きの目的として挙げられている。しかし、実際、公衆トイレは、元々、鹿野村社の附属施設という訳ではなく、龍田村の社区発展協会や老人会館等の利用者向けという意味合いが強いものであったといえよう。

公衆トイレ改修工事に対する地元住民の反応であるが、二次移民の孫世代の方伊靜によると、公衆トイレの改修工事に関わった龍田村の地元住民はほんのわずかであり、夫の蔡登源と陳建光ぐらいだったようである。(9)

そのため、地元住民から特段目立った反対意見が出されることはなかった。二次移民コミュニティを中心とする地元住民は日常的に公衆トイレの前の広場で会話や運動を楽しんでおり、日頃利用する公衆トイレの改修工事はメリットの大きい政策であったことが窺える。その一方で、今回の事業を表立って進めた人物である劉櫂豪は、二〇〇五年から台東県長選挙に出馬しながらも、幾度となく国民党の候補に敗れている。[10] 彼の悲願である台東県長への就任に向けて、積極的な集票活動を行っていると国民党から批判されることもあり、[11] 自身への支持を集めるための利益誘導としての側面があった可能性も考えられる。

鹿野村社の模型および絵本
（龍田社區發展協會、2020 年 10 月 1 日）

4　地元住民（龍田社区発展協会）の取り組み

本文で論じたとおり、鹿野村社の再建工事完了前においては、日本統治時代の知識人の子孫および新移民が台座の取り壊しに反対するなどしていた一方で、二次移民とその子孫が積極的な抗議活動を展開することはなかった。そのような過程を経て最終的に二〇一五年に再建された鹿野村社であったが、再建直後には神社を活用しようとする地元住民は皆無に等しかったようである。ほとんどの住民にとっては、あくまで、中央政府の地方機関によって持ち込まれた神社再建計画であったがゆえに、興味関心が低かったのである。

ところが、二〇一八年になって、蔡登源・方伊静夫妻が龍田社区発展協会の幹部に就任すると、その状況が大きく変化していくこととなる。本文で論じてきたとおり、もともと龍田村には、三つの住民コミュニティが存在しており、特に二次移民コミュニティと新移民コミュニティの間には距離感が存在しており、方伊静もこのようなコミュニティ間に一定の距離感があることを認めている。しかし夫妻は、今後の龍田村の発展には、新移民の力が必要であるとして、村内の各コミュニティ間の「雪どけ」を目指している。退職後に都市部から移り住んできた人々が多くを占める新移民たちは、日頃から積極的に地域活動に参加しているほか、地域活性化のための知識についても比較的有していることから、その存在は注目されている[11]。

そのような姿勢で地域活性化に取り組む蔡登源・方伊静夫妻体制の龍田社区発展協会は、二〇二〇年、台東県の社区発展事業に係る補助を受けて、龍田国民小学の児童を中心とした作画を依頼し日本人移民村の歴史を伝える絵本を作成したり、龍田村外の人々に鹿野村社を紹介する際に用いる鹿野村社の模型を作成したりするなど、二次移民の孫世代でありながらも、日本統治時代の歴史や鹿野村社を地域活性化のために用いるべく、活動を展開してきた。

そして、二〇二二年末に、龍田社区発展協会における蔡登源の理事長としての任期は満了を迎え、現在は新移民コミュニティに属する張鉦榮《ジャンジェンロン》が理事長を務めている。そして、蔡登源は、二〇二二年一一月に行われた龍田村長選挙で初当選を果たした。今後も彼らは龍田村を支える人物として、村内の各コミュニティ間の「雪

石畳整備後の鹿野村社を用いた「社区総体営造」成果発表展用のPR画像（龍田社區發展協會、2021年10月30日）

どけ」に向けて活動していくと思われる。しかし、西村一之（二〇二二）が示唆しているように、地域振興組織のメンバーが入れ替わるたびに、日本統治時代の神社の取り扱いが変わる可能性があることから、(12)鹿野村社をめぐる地元住民の認識について、今後も注視していく必要があるといえよう。

5　まとめ

以上、補論では、国民党・馬英九政権時代に中央政府側の主導によって再建された日本統治時代の神社に対する地方政府および民進党所属の国会議員の施策について、それらの施策に係る地元住民を交えたミクロな政治過程について論じてきた。地方政府は、予算上の制約を受けながらもタブレット講座の開催や「桜」の植樹といった施策を通じて、地元住民からの反対を受けてもなお、再建後の日本統治時代の神社を何とかして観光スポットとして活用することを目指している。その一方で、民進党所属の国会議員は、地元住民の生活環境の改善に直結する公衆トイレの改修工事を地元住民から目立った反対を受けることなく、再建後の日本統治時代の神社と関連付けた観光施策として実現させている。

そして、地元住民においては、二次移民の孫世代である夫婦が龍田社区発展協会の幹部に就任したことをきっかけに、それぞれのコミュニティ間に微妙な距離感がある龍田村内の「雪どけ」を図るとともに、龍田村が有する日本人移民村としての歴史や再建後の鹿野村社が、地域活性化のために活用されようとしていることが分かった。聞き取り調査の内容も含めて注意深く分析していくと、再建工事の時点では、積極的に関わっていなかった人々が、それぞれの目的で鹿野村社に接近している様が見えてくるのである。

1　縦管處檔案「設施認養契約書 臺東縣鹿野鄉龍田村日本神社認養」（二〇一五年年一二月一日）契約編號：(104) 觀谷鹿約字第003號

2　大紀元「鹿野數位中心 偏鄉孩子的美麗機會」（<https://www.epochtimes.com/b5/18/3/1/n10180879.htm> 2018/3/1 閲覧 2022/12/16)

3　大紀元「鹿野紅烏茶茶品牌創立的故事」（<https://www.epochtimes.com.tw/n238881/鹿野紅烏茶茶品牌創立的故事.html> 2018/2/25 閲覧 2023/3/5)

4　洪飛騰談（二〇一八年一一月一五日、臺東縣鹿野數位機會中心にて）／林瑞燕（臺東縣鹿野數位機會中心職員）談（二〇一八年一〇月一九日、臺東縣鹿野數位機會中心にて）／星樂媒體整合行銷「20170316 時光記憶站 龍田神社體驗和韓服」（<https://youtu.be/AR5Kz4mE8Wo> 2017/3/16 閲覧 2018/10/19)

5　前掲 洪飛騰談（二〇一八年一一月一五日）／洪飛騰談（二〇二二年九月三日、オンライン）

6　龍田崑慈堂(<https://www.facebook.com/230681971626427l/posts/pfbid0dpoUjvARnwdiTcmuyv3WqofhBP27LX8zf6bBjSJ6LEHTEVGjntSeJo85bnjtwR2l/?d=n> 2018/4/3 閲覧 2022/7/15) ／龍田社區發展協會（<https://www.facebook.com/230681971626427l/posts/pfbid0dpoUjvARnwdiTcmuyv3WqofhBP27LX8zf6bBjSJ6LEHTEVGjntSeJo85bnjtwR2l/?d=n> 2020/5/3 閲覧 2022/7/1)

7　東台有線「20201105 遊鹿野必訪景點龍田神社 劉權豪助爭取改善經費」（<https://youtu.be/xmIMCAR46Zs> 2020/11/5 閲覧

2022/7/15）／劉櫂豪（<https://www.facebook.com/213939351983587/posts/pfbid02tbSoRf3YL8FhWqbAyYTiaDgAdvFtwZyf9xZdwbHe8XGJLvKKNAe1QfdojkbX2kMil/?d=n>　2020/11/3　閲覧 2022/7/15）／「林佳龍視察台東 大方允諾2億多元建設需求」（『自由時報』<https://news.ltn.com.tw/news/politics/breakingnews/2977937>　2019/11/14　閲覧 2022/7/15）／縦管處檔案「工程預算書 鹿野龍田據點公共設施改善工程」

8　縦管處檔案「工程決算書 鹿野龍田據點公共設施改善工程」

9　方伊靜談（二〇二二年一〇月二日、オンライン）

10　聯合新聞網「撼不動的藍天！劉櫂豪參選台東縣長連6敗 政壇人士分析主要原因」（<https://udn.com/news/story/122682/6797376>　2022/11/27　閲覧 2023/2/10）

11　「釋迦外銷補助運費劉櫂豪釋利多 張志明批撒幣」（『聯合報』二〇二〇年一月六日、B２版）

12　西村一之「台湾東部における神のいない「神社」」（上水流久彦編『大日本帝国期の建築物が語る近代史　過去・現在・未来』勉誠出版、二〇二二年二月、一六八〜一八〇頁）

あとがき

「日本人がまだ知らない台湾を日本に持ち帰りたい」――これは学生時代、台湾留学を志し、応募した文部科学省「トビタテ!留学JAPAN日本代表プログラム」の面接の際、筆者が言った言葉である。もし本書を通して、読者の皆さんが知らなかった台湾社会の姿が、ほんの一部分でも伝わっていたとすれば、これほど嬉しいことはない。

本書は、二〇二二年一二月に提出した博士論文を再編集したものである。日本統治時代の建築物の再利用について執筆した論文や口頭発表などが博士論文および本書のベースとなっている。参考までに、発表当時の掲載雑誌等を挙げておくと、次のようになる。

「台湾における日本統治時代の神社の再建に関する一研究―キーパーソンの働きから見る鹿野村社の再建前夜―」(『次世代人文社会研究』第一七号、日韓次世代学術フォーラム、二四一~二六三頁、二〇二一年三月→第三章)

「台湾における日本統治時代の神社の再建と地域社会―各アクターにとっての「鹿野神社」の位置付け―」

（『東アジアへの視点』第三三巻第一号、公益財団法人アジア成長研究所、二七～四三頁、二〇二二年六月↓第四章）

「現代台湾における再建後の日本統治時代の神社を巡る政治過程―台湾社会における「日本」の意味に関する一研究―」（日韓次世代学術フォーラム第十九回国際学術大会口頭発表、二〇二二年八月一九日↓補論）

「台湾東部の旧日本人移民村におけるコミュニティ形成過程―『空間』と『オーセンティシティ』―」（『問題と研究』第五一巻第三号、国立政治大学国際関係研究センター、九五～一二九頁、二〇二二年九月↓第五章）

「台湾における日本統治時代の神社再建計画をめぐる政治過程―二〇〇〇年代前半鹿野村社の事例から―」（『歴史資料学』第二巻第一号、東北大学東北アジア研究センター上廣歴史資料学研究部門、一～一五頁、二〇二二年一一月↓第二章）

「台湾の旧日本人移民村における歴史的建築物の再利用―台東県鹿野郷の事例を中心に」（台湾史研究会二〇二二年度第五回定例研究会口頭発表、二〇二三年一月二二日↓序章）

序章や第一章、終章、補論は、前出のそれぞれの論文や口頭発表をベースに、本書のために書き下ろしたものである。そして、筆者の学生生活における研究成果を出版できることになったのは、公益社団法人糖業協会より「糖類に関する調査研究活動に対する助成事業」として、助成いただいたことにほかならない。ご支援を賜った糖業協会の皆さまに厚く御礼申し上げたい。

　そして、本書の制作のベースとなった台湾における調査においては、本当にたくさんの方々にお世話になった。六年前、友人と台湾の日本人移民村めぐりをしていなければ、そして、龍田村を訪れていなければ、これほど心の底から興味深いと思える研究対象に出会うことはできなかっただろう。313楽団の三人には大変お世話になり、感謝の気持ちでいっぱいである。

　また、筆者が台湾東部の日本統治時代の建築物の再利用の詳細に迫ることができたのは、行政機関や議会関係者の人々が、快く、無名の日本人学生のお願いに力を貸してくれたことにほかならない。鹿野郷公所や鹿野郷立図書館、鹿野数位機会中心、鹿野郷民代表会、龍田村弁公処、台東県政府、交通部観光局花東縦谷国家風景区管理処、行政院農業委員会水土保持局台東分局、行政院東部聯合服務中心といった多くの機関の人々が親身になって筆者の話に耳を傾けてくれた。

　特に、本書が鹿野村社の再建過程を一定程度明らかにすることができたのは、交通部観光局花東縦谷国家風景区管理処第五代処長の陳《チェン》崇《チョン》賢《シエン》氏が、筆者に対して非常に丁寧にかつ詳細に語ってくれたことに尽きる。二〇一八年一二月に台東空港で行った聞き取り調査において、彼は時折咳き込みながらも、はっきりとした口調で詳細に語ってくれたのであった。その後、二〇一九年九月に交通部観光局花東縦谷国家風景区管理処を訪れた際、彼の訃報に接した。陳崇賢さんのかつての同僚によると、同年の春に逝去されていたという。生前、聞き取り調査の内容の全てを研究に用いることを快諾いただいていたことから、できる限り行政文書などの資料との整合性を確認した上で、聞き取り調査から得た情報の多くを本書に使用させていただいた。最大限の感謝の意を示すとともに、ご冥福をお祈りしたい。

そして、行政機関などの人々だけでなく、地元住民の方々に加えて、龍田社区発展協会、仙人掌郷土工作室や龍田蝴蝶保育協会、台糖公司研究所などで活躍している人々も長時間にわたる聞き取り調査に協力してくださった。筆者が移動手段に困っているときは、レンタサイクル店や宿泊施設の方々が無料で自転車を貸してくださったり、時にはバイクに乗せてくださる住民の方々もいた。

また、筆者の国立台湾大学での交換留学中に所属していた野球部で出会ったかけがえのない親友たちには、様々な形で支えてもらった。一〇年以上前の行政文書に走り書きで残された手書きのメモの内容が読み取れない時に解読を手伝ってくれた陳竑瑋さん。聞き取り調査の録音データではっきりと聞こえないところに至るまで、文字起こしを助けてくれた陳維中さん。龍田村を訪れたことがある陳維中さんとの議論を通して、筆者が現地調査を経て考える「龍田村像」と台湾人が考える「龍田村像」がかけ離れていないことを確認できたのは、研究を進める上で、筆者に大きな勇気を与えてくれた。仕事と研究の両立で悩んでいる時、林有宸さん、張維凱さん、高士淵さん、簡辰宇さん、吳永智さんをはじめとする球友たちの励ましがなければ、最後まで本書を執筆することはできなかっただろう。そして、陳維中さんの母である紀麗莉さんには、筆者の留学中にご馳走していただいたり、家に泊まらせていただいたりと大変お世話になった。留学後も素敵なプレゼントをいただいたり、筆者が理解できない行政文書の意味を教えていただいたりと、あらゆる面でサポートしていただいた。

ここまで、この場を借りて皆さんに感謝の気持ちを伝えさせていただいたが、まだまだ感謝の気持ちは尽きない。学部生時代にゼミでお世話になり、研究の基礎力を育んでくれるとともに、人間的にも成長させてくれた神戸大学発達科学部（現在の国際人間科学部）の太田和宏教授、学業との両立に理解を示してくださった勤務先の人事院の皆さん、今でも応援してくださる学生時代のアルバイト先の皆さん、そして、どんなことでも話せる地元の親友たちをはじめ、ここには書き切れないほど、多くの方々の支えで、本書は成り立っている。

最後に、自分の本を出版するという、人生の中での一つの大きな夢を叶えることができたのは、指導教授の神戸大学大学院国際協力研究科の木村幹教授と家族の支えがあったからに他ならない。

木村先生は、筆者の指導教員となることを大きな心で受け入れてくださり、まっすぐで不器用な筆者を温かく見守りながら、適切なタイミングで的確なアドバイスを筆者に授けてくださった。木村先生の背中を見ながら研究を進めるうちに、いつしか、木村先生のような研究者になりたいと感じるようになっていた。今後も木村先生のように、興味深くて手に取りやすい書籍を出版することを通して、多くの人たちに筆者の研究成果を伝えていけるように頑張っていきたい。

そしてまだまだ未熟な筆者に出版の機会をくださった、ゆまに書房高井健氏に感謝申し上げたい。高井さんの的確なアドバイス、そして、一つの文章に向き合う真摯な姿勢から多くのことを学ばせていただいた。この経験は何にも替え難い、本当に貴重なものとなった。

それから、こどもの頃から何不自由なくやりたいことに挑戦させてくれた両親、良き話し相手となってくれる妹、どんな時も温かく見守ってくれる大阪と福井の祖父母に感謝したい。昨年末に天国へと旅立った福井の祖父も、きっと本書を読んでくれるはずである。

最後に、パートナーである妻の里帆子に、この一冊と感謝を献げたい。いつもありがとう。

二〇二三年一月　柔らかな太陽の光に包まれる小田原の自宅にて

著者紹介

野口英佑（のぐち・えいすけ）

1995年生まれ。2018年、神戸大学発達科学部人間環境学科卒業。2020年、人事院。2023年、神戸大学大学院国際協力研究科博士後期課程修了。博士（政治学）。現在、神戸大学大学院国際協力研究科部局研究員。「台湾における日本統治時代の神社の再建に関する一研究　―キーパーソンの働きから見る鹿野村社の再建前夜―」(『次世代人文社会研究』第17号、日韓次世代学術フォーラム、2021年4月）／「台湾における日本統治時代の神社の再建と地域社会　―各アクターにとっての「鹿野神社」の位置付け―」（『東アジアへの視点』第33巻第1号、公益財団法人アジア成長研究所、2022年6月）／「台湾東部の旧日本人移民村におけるコミュニティ形成過程　―「空間」と「オーセンティシティ」―」（『問題と研究』第51巻第3号、国立政治大学国際関係研究センター、2022年9月）／「台湾における日本統治時代の神社再建計画をめぐる政治過程　―2000年代前半鹿野村社の事例から―」『歴史資料学』第2巻第1号、東北大学東北アジア研究センター上廣歴史資料学研究部門、2022年11月）。

台湾における「日本」の過去と現在
――糖業移民村を視座として

二〇二三年三月三一日第一版第一刷発行
二〇二三年九月二二日第一版第二刷発行

［著　者］　野口英佑
［発行者］　鈴木一行
［発行所］　株式会社ゆまに書房
〒一〇一－〇〇四七　東京都千代田区内神田二－七－六
電話　〇三－五二九六－〇四九一
FAX　〇三－五二九六－〇四九三

印刷　株式会社平河工業社
製本　東和製本株式会社

ISBN978-4-8433-6482-6　C3022
定価：本体二、七〇〇円＋税